Mandy Fuchs

Mein Lapbook: Geometrie

Differenzierte Aufgaben und Bastelvorlagen
zu einem zentralen Lehrplanthema

Bildnachweise:

Coverfoto: © radachynski – stock.adobe.com (#192835077)
Seite 55: Kegel © hshii – stock.adobe.com (#26110214)
Kugel © julien – stock.adobe.com (#170884069)
Pyramide © cloudberry77 – stock.adobe.com (#112649061)
Quader © lagom – stock.adobe.com (#21427772)
Würfel © bookzaa – stock.adobe.com (#110412547)
Zylinder © lagom – stock.adobe.com (#21427775)

Impressum

Mein Lapbook: Geometrie

Dr. Mandy Fuchs ist Referentin und Autorin für innovative Bildung und Pädagogik. Sie hat mehr als zehn Jahre selbst als Grundschullehrerin gearbeitet und engagiert sich als Referentin in der Fort- und Weiterbildung im Elementar- und Primarbereich. Ihre Schwerpunkte sind u. a. die Entwicklung und Erprobung kindorientierter und offener Lernsettings zur Potenzialentfaltung von Kindern in heterogenen Lerngruppen.

2. Auflage 2021
© 2018 AOL-Verlag, Hamburg
AAP Lehrerwelt GmbH
Alle Rechte vorbehalten.

Veritaskai 3 · 21079 Hamburg
Fon (040) 32 50 83-060 · Fax (040) 32 50 83-050
info@aol-verlag.de · www.aol-verlag.de

Redaktion: Clara-Sophie Vogel
Lektorat: omnibooks, Bielefeld
Layout/Satz: Satzpunkt Ursula Ewert GmbH, Bayreuth
Illustrationen: Anne Karen Rasch

ISBN: 978-3-403-10528-2

Das Werk als Ganzes sowie in seinen Teilen unterliegt dem deutschen Urheberrecht. Der Erwerber des Werkes ist berechtigt, das Werk als Ganzes oder in seinen Teilen für den eigenen Gebrauch und den Einsatz im Unterricht zu nutzen. Die Nutzung ist nur für den genannten Zweck gestattet, nicht jedoch für einen weiteren kommerziellen Gebrauch, für die Weiterleitung an Dritte oder für die Veröffentlichung im Internet oder in Intranets. Eine über den genannten Zweck hinausgehende Nutzung bedarf in jedem Fall der vorherigen schriftlichen Zustimmung des Verlages.

Sind Internetadressen in diesem Werk angegeben, wurden diese vom Verlag sorgfältig geprüft. Da wir auf die externen Seiten weder inhaltliche noch gestalterische Einflussmöglichkeiten haben, können wir nicht garantieren, dass die Inhalte zu einem späteren Zeitpunkt noch dieselben sind wie zum Zeitpunkt der Drucklegung. Der AOL-Verlag übernimmt deshalb keine Gewähr für die Aktualität und den Inhalt dieser Internetseiten oder solcher, die mit ihnen verlinkt sind, und schließt jegliche Haftung aus.

Engagiert unterrichten. Begeistert lernen.

Inhaltsverzeichnis

Einleitung: Merkmale, Ziele und Möglichkeiten der Lapbookarbeit 6

Vier-Phasen-Modell zur Umsetzung der Lapbookmethode 7
Bewertungsmöglichkeiten 7
Kinderleitfaden: Mein Lapbook 8
Leitfaden für Lernbegleiter zur Gestaltung von Lapbooks 9
Bewertung für dein Lapbook 10

Hinweise zur Arbeit mit den Materialien zum Lapbook „Geometrie" 11

Allgemeines zum Thema „Geometrie im Mathematikunterricht" 11
Einsatzmöglichkeiten des Lapbooks „Geometrie" 12
Zum Konzept der Forscherkarten und Vorlagen 12
Mögliche Dimensionen unterschiedlicher Lernausgangslagen von Kindern 13
Die Forscherkarten 14
Tipps zum Einsatz der Materialien 14

Allgemeine Kopiervorlagen zur Gestaltung des Lapbooks „Geometrie" 17

Faltanleitung Lapbook 17
Gestaltungshilfe Deckblatt 18
Vorlage für die Erstellung einer Mindmap 19
Wortspeicher (Lernwörter) zum Themenbereich Falten, Schneiden, Zeichnen und Zeichengeräte 20
Wortspeicher (Lernwörter) zum Themenbereich Linien, Strecken, Punkte 20
Wortspeicher (Lernwörter) zum Themenbereich Orientierung im Raum 20
Wortspeicher (Lernwörter) zum Themenbereich Ebene Figuren 21
Wortspeicher (Lernwörter) zum Themenbereich Geometrische Körper 22
Wortspeicher (Lernwörter) zum Themenbereich Symmetrien und Muster 22

Falten, Schneiden, Zeichnen und Zeichengeräte

Forscherkarte / Vorlagen	Klasse 1	Klasse 2	Klasse 3	Klasse 4	Seite
Forscherkarte 1	X	X	X	X	23
Forscherkarte 2		X	X	X	23
Forscherkarte 3			X	X	24
Forscherkarte 4			X	X	24
Faltbuch „Papier falten"	X	X	X	X	25
Anleitung Faltbuch „Papier falten"	X	X	X	X	26
Faltquadrate „Pop-up-Technik"		X	X	X	27
Faltquadrate „Mein Geobild"	X	X	X	X	28

Inhaltsverzeichnis

Linien, Strecken, Punkte

Forscherkarte / Vorlagen	Klasse 1	Klasse 2	Klasse 3	Klasse 4	Seite
Forscherkarte 1	X	X	X	X	29
Forscherkarte 2		X	X	X	29
Forscherkarte 3		X	X	X	30
Forscherkarte 4			X	X	30
Karten für „Wegespiel"	X	X	X	X	31
Briefumschlag für „Wegespiel"	X	X	X	X	32
Faltbuch „Linien, Strecken, Punkte" (1)			X	X	33
Faltbuch „Linien, Strecken, Punkte" (2)			X	X	34
Faltquadrat „Rechte Winkel"			X	X	34

Orientierung im Raum

Forscherkarte / Vorlagen	Klasse 1	Klasse 2	Klasse 3	Klasse 4	Seite
Forscherkarte 1	X	X	X	X	35
Forscherkarte 2		X	X	X	35
Forscherkarte 3			X	X	36
Forscherkarte 4	X	X	X	X	36
Faltquadrat „Würfel kippen"	X	X	X	X	37
Tor und Herz „Ansichten"		X	X	X	38
Faltkörbchen „Wo ist die Katze?"	X	X	X	X	39
Faltbuch „Rechts oder links?"			X	X	40

Ebene Figuren

Forscherkarte / Vorlagen	Klasse 1	Klasse 2	Klasse 3	Klasse 4	Seite
Forscherkarte 1	X	X	X	X	41
Forscherkarte 2		X	X	X	41
Forscherkarte 3		X	X	X	42
Forscherkarte 4		X	X	X	42
Falttasche „Ebene Figuren"	X	X	X	X	43
Faltbuch „Geometrische Figuren"		X	X	X	44
Flipflap „Vierecksarten"			X	X	45
Faltdreieck	X	X	X	X	46
Faltkreis	X	X	X	X	47
Faltviereck	X	X	X	X	48
Legespiele „Tangram" und „Pentominos"	X	X	X	X	49

Inhaltsverzeichnis

Geometrische Körper

Forscherkarte / Vorlagen	Klasse 1	Klasse 2	Klasse 3	Klasse 4	Seite
Forscherkarte 1	X	X	X	X	50
Forscherkarte 2		X	X	X	50
Forscherkarte 3			X	X	51
Forscherkarte 4		X	X	X	51
Flipflap „Geometrische Körper"		X	X	X	52
Ausschneidekarten für das Flipflap „Geometrische Körper"		X	X	X	53
Körpernetze			X	X	54
Faltbuch „Geometrische Körper"		X	X	X	55
Würfelnetze			X	X	56

Symmetrien und Muster

Forscherkarte / Vorlagen	Klasse 1	Klasse 2	Klasse 3	Klasse 4	Seite
Forscherkarte 1		X	X	X	57
Forscherkarte 2		X	X	X	57
Forscherkarte 3			X	X	58
Forscherkarte 4		X	X	X	58
Faltquadrate „Symmetrische Muster"			X	X	59
Falttasche „Mandalas"		X	X	X	60
Faltkreis „Scherenschnitt"			X	X	61
Symmetrische Faltfiguren			X	X	62
Faltquadrate „Spiegelachsen"		X	X	X	63
Falthefte „Geometrische Muster"		X	X	X	64

Hinweis:
Ausführliche Informationen zum Einsatz von Lapbooks, didaktisch-methodische Hinweise, Praxisbeispiele, Blankovorlagen und Bastelanleitungen finden Sie hier:
Mandy Fuchs: Lapbooks in der Grundschule. Leitfaden für vielfältige Einsatzszenarien mit 20 Schablonen (Bestellnr. 10467). AOL-Verlag: Hamburg 2017 (www.aol-verlag.de)

Einleitung: Merkmale, Ziele und Möglichkeiten der Lapbookarbeit

Eine besondere Methode, um das kompetenzorientierte und individualisierte Lernen von Kindern zu unterstützen und umzusetzen, ist die aus Nordamerika stammende Lapbookmethode. Ein Lapbook (auch Klappbuch genannt) ist eine hoch motivierende Präsentationsform für individuelle Lernergebnisse. In der Regel sind Lapbooks aufklappbare Bücher bzw. Mappen zu einem bestimmten Thema. Die Inhalte werden im Inneren auf verschiedenen Elementen, wie z. B. Faltbuch, Aufklappkarten, Fächer, Umschläge, Leporellos usw., visuell dargestellt. Lapbooks eignen sich insbesondere dazu, die Auseinandersetzung mit einem Thema zu intensivieren, individuelle Lernprozesse zu unterstützen und eigene Bezüge zu einem Thema zu initiieren. Zudem können die Kinder mit der Gestaltung eines Lapbooks sowohl ihre speziellen Interessen als auch ihre persönlichen Lern- und Bildungsprozesse dokumentieren und am Ende flexibel und individuell präsentieren. Auch Gruppenarbeiten werden damit ermöglicht. Die Arbeit an einem Lapbook ist somit für Kinder zum einen prozessorientiert, das heißt, der Lernweg und die Erarbeitung individueller Lernziele stehen im Vordergrund. Zum anderen ist sie aber zugleich produktorientiert. Dies meint, dass am Ende ein besonders schön gestaltetes Lernergebnis, nämlich das Lapbook selbst, zustande kommt, welches z. B. als individuelles Nachschlagewerk dienen kann. Diese für Kinder sehr motivierende Tätigkeit ermöglicht ein differenziertes, selbstbestimmtes Lernen. Es handelt sich hierbei immer um ein fächerverbindendes und komplexes Bearbeiten eines Themas. Zugleich können die Kinder mit selbst gestalteten Lapbooks Eigenproduktionen schaffen, miteinander kommunizieren und bisher erworbene Kompetenzen anwenden. Jedes fertige Lapbook ist ein Unikat.

Der kindorientierte Lernansatz ist einerseits darauf gerichtet, die individuellen Stärken der Kinder in den Blick zu nehmen und auf der Grundlage eines neuen Kindbildes, welches das Kind als Individuum wertschätzt und seine individuellen Bedürfnisse ernst nimmt, Lernumgebungen so zu gestalten, dass jedes Kind entsprechend seiner Lernausgangslagen sein persönliches Potenzial weiter entfalten kann. Andererseits geht es beim Umsetzen einer neuen Lernkultur darum, den Kindern viele Möglichkeiten der Eigenverantwortung für ihr Lernen zu übertragen. Das Erarbeiten und Gestalten von Lapbooks entspricht genau diesem Ansatz, ist jedoch für Kinder eine enorme und sehr komplexe Herausforderung, die eine Fülle von unterschiedlichen Kompetenzen verlangt. Jedes Kind bewältigt diese Anforderungen auf ganz unterschiedliche Art und Weise und benötigt aufgrund seiner ganz persönlichen Lernbedürfnisse, seines speziellen Lernstils oder auch seiner individuellen Vorerfahrungen sehr verschiedene Wege der Lernbegleitung. Deshalb haben wir für den Einsatz von Lapbooks drei verschiedene Dimensionen unterschiedlicher Lernausgangslagen entwickelt, die im nächsten Kapitel im Zusammenhang mit der Gestaltung von Geometrie-Lapbooks vorgestellt werden. Unabhängig von den Lernausgangslagen einzelner Kinder kann generell der Kinderleitfaden (siehe Seite 8) im Vorfeld oder während der Arbeit an den Lapbooks eine gute Orientierungsmöglichkeit bieten.

Merkmale von Lapbooks

- unterstützen persönliche und selbstbestimmte Lernprozesse
- intensivieren die Auseinandersetzung mit einem Lerngegenstand
- initiieren persönliche Forscherfragen
- dokumentieren Lern- und Bildungsprozesse sowie individuelle Spezialinteressen
- ermöglichen Einzel- und Gruppenarbeit
- unterstützen prozessorientiertes und produktorientiertes Lernen
- fördern ein fächerverbindendes und komplexes Lernen
- motivieren das Präsentieren individueller Lernergebnisse
- dienen der Förderung personaler, lernmethodischer, sozialer sowie fachspezifischer Kompetenzen (Handlungskompetenz)
- sind Unikate

Einleitung: Merkmale, Ziele und Möglichkeiten der Lapbookarbeit

Vier-Phasen-Model zur Umsetzung der Lapbookmethode

Für die Arbeit an Lapbooks hat sich in der Grundschule das Vier-Phasen-Modell bewährt: Einführungs-, Planungs-, Durchführungs- und Gestaltungsphase sowie Präsentationsphase. Diese Phasen geben den Kindern sowohl einen angemessenen Orientierungsrahmen mit einer strukturgebenden Sicherheit als auch genügend Freiraum für die Umsetzung eigener kreativer Ideen. Der methodische Ablauf wurde auf der Kopiervorlage „Leitfaden für Lernbegleiter zur Gestaltung von Lapbooks" (siehe Seite 9) in komprimierter Form zusammengefasst. Konkrete Ideen für Einsatzmöglichkeiten von Geometrie-Lapbooks finden Sie auf Seite 12.

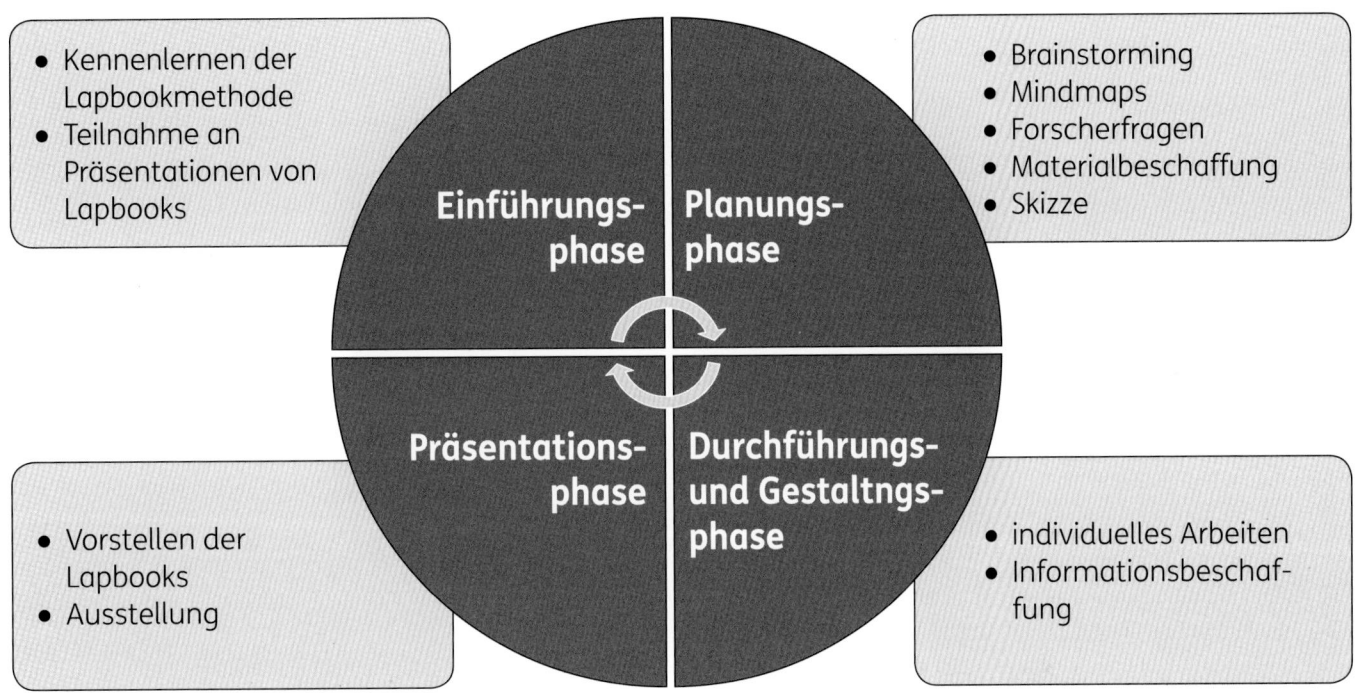

Vier-Phasen-Modell zur Einführung von Lapbooks

Bewertungsmöglichkeiten

Die Frage nach einer angemessenen Bewertung einer solchen komplexen und individuellen Schülerleistung, wie es ein Lapbook ist, ist zugegebenermaßen die größte Herausforderung für jeden Lernbegleiter. Da die gesetzlichen Vorgaben der einzelnen Bundesländer hier sehr verschieden sind, können wir kein „Bewertungsrezept" verordnen. Der Philosophie eines am Kind orientierten Lernansatzes folgend, würde dies auch einem solchen Vorgehen widersprechen. Deshalb können wir nur allgemeine Empfehlungen geben, die je nach Lernansatz der jeweiligen Grundschule bzw. nach den landestypischen, regionalen und schulspezifischen Regelungen verändert und angepasst werden können. Dennoch stellen wir ein Bewertungsraster zur Verfügung (siehe Seite 10), welches zur Orientierung genutzt werden kann.

Kinderleitfaden: Mein Lapbook[1]

Schritt 1
- Schaue dir fertige Lapbooks von anderen Kindern an.
- Was gefällt dir daran?
- Informiere dich, wie ein Lapbook bewertet wird.

Schritt 2
- Tausche dich mit anderen zum Thema aus (Brainstorming).
- Gestalte eine Gedankenlandkarte (Mindmap).
- Was willst du lernen? Formuliere deine Forscherfragen zum Thema.
- Lege Teilthemen fest.
- Welche Informationen brauchst du? Welche Materialien kannst du nutzen? Wo bekommst du sie her?
- Welche Faltelemente möchtest du nutzen? Wähle 5 bis 7 aus.
- Gestalte eine Skizze von deinem Lapbook (DIN-A4-Blatt falten, Bleistift nutzen).

Schritt 3
- Arbeite an deinem Lapbook.
- Lies und informiere dich zu deinen Teilthemen.
- Beantworte deine Forscherfragen.
- Bastle und beschrifte deine Faltelemente.
- Bitte andere um Hilfe, wenn du nicht weiterweißt.
- Stelle anderen deine Zwischenergebnisse vor und lass dich beraten.
- Überprüfe am Ende, ob du an alles gedacht hast.

Schritt 4
- Wie möchtest du dein Lapbook vorstellen?
- Überlege dir eine Reihenfolge für deine Vorstellung.
- Übe deinen kleinen Vortrag zu Hause.
- Schätze dich selbst ein, wie dir dein Lapbook und die Präsentation gelungen sind. Nutze dafür das Bewertungsraster.
- Was hast du gelernt?

---

[1] Mandy Fuchs: Lapbooks in der Grundschule. AOL-Verlag: Hamburg 2017.

# Leitfaden für Lernbegleiter zur Gestaltung von Lapbooks[2]

Einführungsphase
- Vorstellen der Lapbookmethode
- Teilnahme an Lapbookpräsentationen anderer Lerngruppen
- Spezifik des aktuellen Themas (Einzel- oder Gruppenarbeit, Projektarbeit, Rahmenthema usw.) besprechen und festlegen

Planungsphase
- Brainstorming zu ersten Inhalts- und Gestaltungsideen
- Erfassen der Vorerfahrungen einzelner Kinder zum Thema
- Erstellen von Mindmaps zur Weiterentwicklung von Ideen, zum Clustern sowie zum Festlegen von Teilthemen
- Entwickeln von Forscherfragen der Kinder zu ihren (Teil-)Themen
- Diskussion zu Informationsbeschaffungsmöglichkeiten
- Sichtung erster Materialien (zum Beispiel Lesen eines Schulbuchtextes)
- Absprachen zur Materialbeschaffung
- Anlegen einer Skizze zum geplanten Lapbook (Auswahl und Platzierung von Inhalten und Faltelementen)
- Kinder über Bewertungskriterien informieren

Durchführungs- und Gestaltungsphase
- Faltelemente und andere Materialien zur Verfügung stellen
- individuelle Arbeit der Kinder an den Lapbooks
- Zwischenergebnisse mit den Kindern besprechen
- sensible Lernbegleitung je nach den Bedürfnissen der Kinder: Wechsel zwischen Phasen der Informationsbeschaffung (Recherche), der Erarbeitung von Lerninhalten (Lesen und Unterstreichen in Texten) und der Beantwortung von Forscherfragen (Schreiben eigener Textbausteine) sowie zwischen Phasen der Gestaltung der Lapbooks (Basteln und Beschriften einzelner Faltelemente)

Präsentationsphase
- Lapbookpräsentationen mit Kindern organisieren
- Tipps für Präsentationen geben (vgl. Bewertungskriterien)
- gemeinsame Reflexion der Lapbookarbeit (Was haben wir gelernt? Was ist gut gelungen? Was können wir verbessern?)

---

[2] Mandy Fuchs: Lapbooks in der Grundschule. AOL-Verlag: Hamburg 2017.

Name: _____ Klasse: _____ Datum: _____

Bewertung für dein Lapbook zum Thema

„_____" [3]

	3 Punkte	2 Punkte	1 Punkt	0 Punkte
Entstehungsprozess des Lapbooks				
Du hast Informationen und Materialien zum Thema beschafft.				
Du hast selbstständig gearbeitet.				
Wenn es Probleme gab, hast du nicht aufgegeben, sondern nach Lösungen gesucht.				
Du hast eigene Ideen entwickelt und umgesetzt.				
(Du hast gut mit anderen Kindern zusammengearbeitet.)				
Inhalte des Lapbooks				
Du hast Sachinformationen zur Beantwortung deiner Forscherfragen zusammengetragen und diese richtig dargestellt.				
Du kennst Einzelheiten und zeigst sie genau.				
Du verwendest Fachbegriffe.				
Du erreichst beim Leser einen Wissenszuwachs.				
Gestaltung des Lapbooks				
Dein Lapbook ist logisch aufgebaut und sinnvoll gestaltet. Es stellt dein Thema gut gegliedert dar.				
Du hast sauber ausgeschnitten, geklebt und geschrieben.				
Du verwendest unterschiedliche Faltelemente zur Darstellung deiner Informationen.				
Dein Lapbook macht Leser neugierig.				
Präsentation des Lapbooks				
Deine Präsentation ist sinnvoll aufgebaut.				
Du erklärst anschaulich und gibst interessante Beispiele.				
Du sprichst verständlich, meist frei und in ganzen Sätzen.				
Du schaust deine Zuhörer an und hast eine gute Körperhaltung.				
Gesamtpunktzahl:			**Zensur:**	

Das war besonders gut: _____

_____   _____
Unterschrift der Lehrerin / des Lehrers   Unterschrift der Eltern

---

[3] Tabelle aus: Mandy Fuchs: Lapbooks in der Grundschule. AOL-Verlag: Hamburg 2017.

Hinweise zur Arbeit mit den Materialien zum Lapbook „Geometrie"

Allgemeines zum Thema „Geometrie im Mathematikunterricht"

Geometrische Erfahrungen sind wichtige Voraussetzungen zur Entwicklung mathematischer Kompetenzen und des Denkens allgemein, denn jedes Denken nutzt visuelle, also geometrische Bilder. **Ohne geometrisches Denken lassen sich im Mathematikunterricht kaum Vorstellungen entwickeln.** Auch mathematische Begriffe und Beziehungen sowie vielfältige Einsichten in Bereiche des arithmetischen Denkens lassen sich durch geometrische Stützen leichter veranschaulichen und verinnerlichen. So lässt sich z. B. aus dem gelegten Muster aus viermal zwei roten Kreisen die Multiplikationsaufgabe 4 · 2 = 8 ableiten. Für diese und andere Malaufgaben können Kinder generell entsprechende geometrische Figuren legen.

Wesentliche Erfahrungsfelder innerhalb des geometrischen Inhaltsbereichs sind Erfahrungen mit der Räumlichkeit von Objekten, Lagebeziehungen und Prozessen (die Idee der räumlichen Strukturierung), Erfahrungen mit ebenen und räumlichen Objekten (die Idee der Form) sowie das Wahrnehmen symmetrischer Formen und Figuren sowie von Mustern (die Idee der Symmetrie und von Mustern). Innerhalb dieser können Kinder zahlreiche Einsichten gewinnen und weiterentwickeln, z. B. in Bezug auf den eigenen Körper im Raum oder beim Operieren mit geometrischen Figuren und Körpern, wenn sie sich selbst bewegen, etwas legen, bauen und konstruieren. Dabei werden folgende Tätigkeitsbereiche als wertvoll für den geometrischen Kompetenzerwerb erachtet:

- Erfahrungen zu Körpern, Flächen und Linien sammeln
- Räumlichkeit der Welt wahrnehmen
- sich räumliche Objekte und Prozesse vorstellen
- Ansichten von Körpern und Bauwerken sowie Baupläne erfassen

Ausgehend von ersten geometrischen Grunderfahrungen, die Kinder in der Regel bereits vor der Grundschulzeit sammeln, sollten sie ihr Verständnis zu Raum und Form kontinuierlich vertiefen. So erfahren sie z. B. zunächst verschiedene Positionen des eigenen Körpers und von Objekten im Raum oder entdecken Formen in der Umwelt. Später beschreiben sie diese und stellen sie selbst her, bevor es dann darum geht, sich z. B. räumliche Gegebenheiten aus verschiedenen Perspektiven vorzustellen oder Lagepläne und Baupläne zu verstehen, zu benutzen und selbst anzufertigen. **Im Mathematikunterricht der Grundschule sollten folgende geometrische Kompetenzen (weiter)entwickelt werden:**

- sich im Raum orientieren und dabei Beziehungen zwischen sich und der Umwelt bzw. zwischen Objekten feststellen und diese beschreiben
- ebene Figuren und Körper erkennen, benennen, beschreiben und sie darstellen
- Abbildungen von ebenen Figuren und Körpern identifizieren und realisieren
- Gesetzmäßigkeiten in geometrischen Mustern erkennen und beschreiben, diese fortsetzen und eigene Muster entwickeln
- Netze von Würfeln und Quadern erkennen, entwerfen sowie Zuordnungen zwischen Körpern und Netzen vornehmen
- Umfänge, Flächen- und Rauminhalte unter Verwendung von Einheitslängen, -quadraten bzw. -würfeln vergleichen und messen
- Schablonen, Raster und Zeichengeräte sachgerecht verwenden

Hinweise zur Arbeit mit den Materialien zum Lapbook „Geometrie"

Einsatzmöglichkeiten des Lapbooks „Geometrie"

Die Materialien dieses Heftes sollen Sie und Ihre Kinder also immer wieder anregen, mit allen Sinnen aktiv zu werden sowie z. B. Fühl- und Sinnesspiele, Forscherstunden, Geometrieprojekte oder geometrische Erkundungstouren einzusetzen, um den Kindern vielfältige aktive Tätigkeiten und Erfahrungen, wie z. B. kneten, falten, legen, bauen, konstruieren, messen, abzeichnen usw., zu ermöglichen. Dabei ist es denkbar, dass ein Lapbook als Lernprodukt nur zu einem geometrischen Teilbereich entsteht, wenn z. B. wesentliche Lerninhalte zu den ebenen Figuren (z. B. Kreis, Dreieck, Viereck) während der Stoffeinheit im Sinne von „Das lerne ich gerade!" im „Formenlapbook" dokumentiert werden. Die Einsatzmöglichkeiten von Geometrie-Lapbooks sind vielfältig und können so zusammengefasst werden: Lapbooks dienen der

- prozessorientierten Erarbeitung geometrischer Inhalte (Das lerne ich gerade!),
- Zusammenfassung und Ergebnissicherung von Lerninhalten eines oder mehrerer Geometriebereiche (Das habe ich gelernt!),
- Reflexion des eigenen Lernstandes bzgl. eines oder mehrerer geometrischer Teilbereiche (Das kann ich nun! Das ist wichtig für mich!) oder der
- Bearbeitung von Spezialthemen von Kindern, die ihre besonderen Interessen bzgl. geometrischer Themen beinhalten (Das interessiert mich besonders!).

Dabei ist es möglich, dass die Lapbooks **als Gruppen- oder als Einzelarbeit** erstellt werden. Ein Beispiel für eine Gruppenarbeit wäre, dass sich die Kinder einer Klasse in fünf Gruppen aufteilen und sich entsprechend ihrer Lieblingsgeometriethemen zusammenfinden. Im Sinne der Einsatzmöglichkeit „Das haben wir gelernt!" bzw. „Das ist wichtig für uns!" (z. B. am Ende eines Schuljahres) tragen sie dann wesentliche Lernergebnisse ihres geometrischen Themas zusammen und präsentieren dieses und ihr Lapbook am Ende der Unterrichtseinheit. Es ist aber auch möglich, dass z. B. das Lapbook zum Thema „Räumliche Körper" prozessorientiert bei der Erarbeitung dieses Lernbereichs im Sinne von „Das lerne ich gerade!" oder „Das lernen wir gerade!" in Einzel- oder Gruppenarbeit gestaltet wird.

Zum Konzept der Forscherkarten und Vorlagen

Auf den Seiten 3–5 finden Sie einen Überblick über die Forscherkarten und Faltvorlagen zu den einzelnen geometrischen Themen. Die Angaben zur Verwendung innerhalb bestimmter Klassenstufen sind als Richtwerte zu sehen. Die Heterogenität der Klassen und Kinder verlangt ein individuelles Eingehen auf die speziellen Bedürfnisse der lernenden und forschenden Kinder. Um Ihnen und den Kindern die Auswahl zu erleichtern und allen Bedürfnissen gerecht zu werden, werden zu jedem Thema Forscherkarten und Faltvorlagen zur Differenzierung bereitgestellt. Die Philosophie ihres Einsatzes wird im Folgenden vorgestellt.
Das Umsetzen einer am Kind orientierten Lernkultur überträgt den Kindern viele Möglichkeiten der aktiven Eigenverantwortung für ihr Lernen. Ausgangspunkt für die Auseinandersetzung mit einem geometrischen Thema und für die Gestaltung eines passenden Lapbooks ist es also, die Kinder als neugierige Weltentdecker zu betrachten und davon auszugehen, dass sie bereits unterschiedlichste Kompetenzen und Erfahrungen zu den einzelnen Themen mitbringen. Dazu gehört auch, ihnen zuzutrauen, dass sie von sich aus viele kreative Umsetzungsideen haben. Dennoch ist das Erarbeiten und Gestalten von Lapbooks eine sehr komplexe Herausforderung, die eine Fülle von Kompetenzen verlangt. Jedes Kind bewältigt diese Anforderungen ganz unterschiedlich und benötigt aufgrund seiner persönlichen Lernbedürfnisse, seines speziellen Lernstils oder seiner individuellen Vorerfahrungen sehr verschiedene Wege der Lernbegleitung.

Für jeden geometrischen Teilbereich stehen vier Forscherkarten und verschiedene Faltvorlagen zur Verfügung. Generell sollten alle Kinder stets alle Materialien für ihre Lapbooks nutzen dürfen und selbst entscheiden, wann sie welche Forscherkarte bzw. Vorlage bearbeiten. Im Sinne der Differenzierung entsprechen die Forscherkarten und Vorlagen dem nachfolgend vorgestellten Konzept der Dimensionen unterschiedlicher Lernausgangslagen von Kindern und sind am entsprechenden Symbol erkennbar. Sie entsprechen zwar nicht der kompletten Vielfalt unserer Kinder in heterogenen Gruppen, machen aber grundsätzlich unterschiedliche Möglichkeiten einer angemessenen Lernbegleitung sichtbar. Entscheidend dafür sind genaue Beobachtungen der Kinder in Lernprozessen.

Hinweise zur Arbeit mit den Materialien zum Lapbook „Geometrie"

Mögliche Dimensionen unterschiedlicher Lernausgangslagen von Kindern

„Freigeister":

Gemeint sind Kinder mit einem großen Potenzial an kreativen Ideen, evtl. bereits vielfältigen Erfahrungen im selbstständigen Erarbeiten von Lernthemen bzw. Anfertigen von fantasievollen Eigenproduktionen. Komplexe Themen sind für sie genau die richtige Herausforderung, ihre Stärken im Problemlösen, im kreativen Schreiben und Gestalten umzusetzen. Oft brauchen „Freigeister" nur einen Anstoß in Form eines Rahmenthemas und schon legen sie los. Sie wissen schnell, wo sie welche Informationen finden und können sich selbst und ihre Materialien gut organisieren. Es kann dabei durchaus sein, dass „Freigeister" nicht so einen großen Wert auf die Rechtschreibung oder auf Exaktheit und Genauigkeit legen, sondern sich eher intuitiv von ihren Einfällen „treiben" lassen. Ausführliche inhaltliche Vorgaben können sie verunsichern oder gar ausbremsen. Offen sind sie jedoch für strukturgebende Hinweise und Ideen.

„Mutige":

Hier sind Kinder gemeint, die über vielfältige Kompetenzen und tolle Ideen zur Umsetzung ihrer Vorhaben verfügen, jedoch gern auch Tipps, Hinweise und Materialien vom Lernbegleiter nutzen. So kann es sein, dass manche Kinder schon sehr selbstständig an der ästhetischen und handwerklichen Gestaltung des Lapbooks arbeiten, jedoch beim Schreiben der Texte bzw. beim Zusammentragen wichtiger Informationen noch Unterstützung brauchen. „Mutige" benötigen zu unterschiedlichen Themen vielleicht auch unterschiedliche Wege der Lernbegleitung. Oft wollen sie auch einfach nur gefragt werden, was genau sie brauchen, oder einen ermutigenden Blick, der zeigt: „Du bist auf einem guten Weg." Dies schafft Bestätigung, wieder neue Lernmotivation und ermuntert sie zu immer mehr Eigenverantwortung beim Erstellen der Lapbooks.

„Sicherheitsdenker":

„Sicherheitsdenker" sind Kinder, die eher zurückhaltend und durch mangelnde Erfahrungen im eigenverantwortlichen Nutzen von Büchern und anderen Lernmaterialien verunsichert reagieren, wenn es um eine so komplexe Herausforderung wie das Erstellen von Lapbooks geht. Diese Kinder hatten vielleicht bisher kaum Gelegenheiten, selbst kreativ tätig zu werden und somit ihre individuellen Stärken aufzubauen und zu zeigen. Vielleicht wurden ihre besonderen Potenziale bisher auch von anderen Problemlagen (z. B. Lernbeeinträchtigungen im sozial-emotionalen Bereich) überschattet, sodass sie viel Zuspruch und ein besonderes Verständnis benötigen. Vielleicht aber wurde diesen Kindern bisher immer alles vorgegeben und nun reagieren sie unsicher, weil sie plötzlich Eigenverantwortung übernehmen dürfen und sollen. Zu den „Sicherheitsdenkern" können auch besonders begabte Kinder gehören, die durch einen hohen Selbstanspruch eher zur Perfektion neigen und sich dadurch selbst ausbremsen. Das Selbstvertrauen in ihre eigenen Leistungen kann und muss deshalb bei kleinen „Sicherheitsdenkern" durch ganz verschiedene Impulse der Lernbegleitung gestärkt werden, evtl. durch eine Reduktion von Teilaspekten, durch eine größere Offenheit oder aber auch Eingrenzung bzgl. von Vorgaben, durch besondere Vorlagen (mit wenig Text, mit größerer Schrift, mit mehr Bildelementen usw.) oder durch das Arbeiten mit einem Lernpaten.

Hinweise zur Arbeit mit den Materialien zum Lapbook „Geometrie"

Die Forscherkarten

Forscherkarte 1:

Diese Forscherkarte enthält einen sehr offenen und freien Forscherauftrag zum gesamten Thema. Sie ist vor allem für die „Freigeister" gedacht. Sie können selbst im Mathematikbuch, in einem Mathelexikon für Grundschulkinder, in anderen Sachbüchern oder im Internet recherchieren, sich aber auch durch die Ideen der verschiedenen Vorlagen inspirieren lassen. Den „Freigeistern" sollten zusätzlich ausgewählte Blankofaltelemente aus dem Methodenband[4] zur Verfügung stehen. Auch die „Mutigen" und die „Sicherheitsdenker" können zunächst die Forscherkarte 1 nutzen und erste eigene Ideen entwickeln.

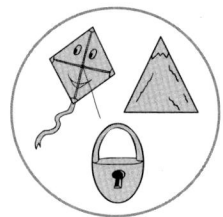

Forscherkarte 2:

Die Forscherkarte 2 ist sowohl für „Freigeister" als auch für „Mutige" und „Sicherheitsdenker" gedacht. Sie enthält im oberen Teil ausgewählte Forscherfragen und Ideen zum entsprechenden geometrischen Thema. Davon können sich alle Kinder anregen lassen und eine oder mehrere Fragen bzw. Ideen auswählen und bearbeiten. Im unteren Teil der Karte gibt es Hinweise für alle, was zum Forschen und Erkunden nützlich sein könnte. (Hinweis: Bei der Erprobung der in diesem Band verwendeten Materialien stellte sich heraus, dass die Kinder die Forscherkarten 1 und 2 aufgrund ihrer Offenheit und Ideenfülle am besten fanden und sich gern an ihnen orientierten. Dies inspirierte die Kinder, stets noch weitere eigene Ideen bzw. Forscherfragen zu entwickeln und diesen nachzugehen.)

Forscherkarte 3:

Diese Forscherkarte enthält Forscheraufträge für die „Mutigen" und bezieht sich auf konkret vorgegebene Vorlagen. In der Regel sind diese Aufträge zwar relativ offen, geben aber eine gute Orientierung für die Auswahl und Bearbeitung möglicher Schwerpunkte und Teilaspekte des jeweiligen geometrischen Themas.

Forscherkarte 4:

Die Forscherkarte 4 ist vor allem für die „Sicherheitsdenker" gedacht und bezieht sich auf konkret vorgegebene Vorlagen. Wenn die Kinder diese Aufträge bearbeiten, haben sie wesentliche Basiskompetenzen dieses geometrischen Teilthemas umgesetzt.

Tipps zum Einsatz der Materialien

Ideen für die **Einführungsphase**:

Als Einstieg in die Arbeit an Geometrie-Lapbooks ist es für die Kinder motivierend, wenn sie sich Beispiele von Lapbooks zu diesem Thema (real oder Fotos aus dem Internet) anschauen können. Parallel dazu kann der Kinderleitfaden (siehe Seite 8) ausgeteilt und gemeinsam besprochen werden. Außerdem ist es wichtig, die Ziele der Arbeit am jeweiligen geometrischen Themenbereich (inhaltlicher Lernprozess) und am Lapbook (gestalterisches Präsentationsprodukt der Lernergebnisse) differenziert zu erarbeiten und für alle transparent und nachvollziehbar zu formulieren. Sie als Lehrkraft oder auch die Kinder entscheiden, ob einzeln oder

---

[4] Mandy Fuchs: Lapbooks in der Grundschule. AOL-Verlag: Hamburg 2017.

Hinweise zur Arbeit mit den Materialien zum Lapbook „Geometrie"

in Gruppen gearbeitet wird. In der Einführungsphase können verschiedene Gestaltungsmöglichkeiten und besondere Falttechniken von Faltelementen genauer betrachtet werden. Eine Übersicht mit Materialien, die Sie für die Arbeit an Lapbooks allgemein benötigen, finden Sie am Ende dieses Abschnitts. Damit die Kinder selbstständig mit den Lapbookvorlagen arbeiten können, sollten ihnen diese Zeichen außerdem von vornherein bekannt sein:

- - - - - = ausschneiden

——— = falten

▨ = Klebefläche

 Tipp: Für ein erstes motivierendes Zwischenergebnis kann die Faltanleitung für ein Lapbook mithilfe der Vorlage von Seite 17 besprochen und hergestellt werden.

Ideen für die **Planungsphase**:

Diese Phase kann mit einem inhaltlichen Brainstorming zu einem Thema, z. B. „Geometrische Körper", beginnen. Dabei sollten die Vorerfahrungen der Kinder aufgegriffen und in Form einer Mindmap bzw. Gedankenlandkarte (siehe Seite 19) festgehalten und (individuell oder in Teams) weiterentwickelt werden. Parallel dazu können Teilthemen und erste Forscherfragen festgelegt und formuliert werden. Hierzu werden die jeweiligen Forscherkarten und die möglichen Faltvorlagen zum Thema vorgestellt und gemeinsam diskutiert. Als praktisch hat sich erwiesen, wenn sich die Kinder eine Skizze (gefaltetes A4-Blatt) anlegen und ihr ganz persönliches Lapbook planen. Um die Kopien in ausreichender Anzahl vorbereiten zu können, sollten Sie eine Liste aushängen, in der die Kinder ihre ausgewählten Faltelemente ankreuzen können. Wichtig in dieser Phase ist ebenso die Diskussion über Möglichkeiten der Informationsbeschaffung und das Festlegen von Verantwortlichkeiten (Was brauchen wir? Wer kann was organisieren, mitbringen, bereitstellen? usw.). Wenn die Geometrie-Lapbooks am Ende bewertet werden sollen, ist es notwendig, dass die Bewertungskriterien besprochen und ausgehängt werden (siehe Seite 10).

 Tipp: Vielleicht kann die örtliche Kinderbibliothek eine thematische Bücherkiste zusammenstellen.

Bücherliste zu geometrischen Themen

Johnny Ball: Von Null bis unendlich – Die geniale Welt der Mathematik. Dorling Kindersley Verlag: München 2009

Jürgen Brück: Pi mal Daumen. Eine spannende Reise durch die Welt der Mathematik. Compact Verlag: München 2013

David A. Carter: Ein gelbes Quadrat. Boje Verlag: Köln 2009

Mandy Fuchs & Friedhelm Kapnick: Grundwissen Mathematik. Volk und Wissen: Berlin 2009

Michael Hall: Perfect Square. Greenwillow Books: 2011

Alice Herzog: Das habe ich gefaltet: Faltklassiker für Kinderhände. Frech Verlag: Stuttgart 2013

Ute Löwenberg: Optische Täuschungen (50 Karten). arsEdition: München 2010

David McKee: Elmar. Thienemann-Esslinger Verlag: Stuttgart 2004

Junko Murayama: Mehr Streichel-Labyrinthe für Menschen mit Fingerspitzengefühl. verlag hermann schmidt: Mainz 2016

Daniel Picon: Optische Täuschungen. Fleurus Verlag: Köln 2006

Doris Schattschneider & Wallace Walker: M. C. Escher Kaleidozyklen (Faltvorlagen). Evergreen: Köln 2008

Annika M. Wille: Ein Dreieck, ein Viereck, ein Fünfeck, was nun? Rittel Verlag: Hamburg 2016

Hinweise zur Arbeit mit den Materialien zum Lapbook „Geometrie"

Ideen für die **Durchführungs- und Gestaltungsphase**:

In dieser intensiven Arbeitsphase ist es am besten, wenn Sie die Forscherkarten und alle entsprechenden Materialien (ähnlich wie bei einer Werkstatt oder der Arbeit an der Lerntheke) geordnet bereitlegen, z. B. die Faltelemente in Ablagen (umgedrehte Deckel von Kopierpapierkartons) und die dazugehörigen Forscherkarten davor oder dahinter aufhängen bzw. als Klappkarten aufstellen. Die Aufträge der Forscherkarten können auch in Pflicht- und Wahlaufgaben eingeteilt werden. Dazu können Sie farbige Klebepunkte nutzen. Auch Blankovorlagen von Faltelementen (siehe Methodenband[5]) sollten zur Verfügung gestellt werden. Gegebenenfalls können Sie eine Materialtheke mit Büchern und Forscherutensilien (z. B. Kantenmodelle von Körpern, Schablonen, Zirkel, farbige Legeplättchen) einrichten oder aber auch verschiedene Forscherstationen zum Thema aufbauen, an denen die einzelnen Forscheraufgaben direkt mit Materialien umgesetzt werden können.

 Tipp: Den Wortspeicher bzw. die Lernwörter (siehe Seite 20–22) können Sie ausdrucken und aushängen oder einzelnen Kindern als individuelle Unterstützung zum Ausschneiden geben.

Ideen für die **Präsentationsphase**:

Zur Vorbereitung einer mündlichen Präsentation ist es hilfreich, den Kindern Leitfragen zur Orientierung zu geben, z. B.:
- Was ist das Thema meines Lapbooks? Warum habe ich genau das gewählt?
- Was waren meine Forscherfragen? Was sind die wichtigsten Antworten?
- Was habe ich gelernt? Was gefällt mir an meinem Lapbook am meisten?

 Tipp: Die Lapbooks können auch in einer (Geometrie-)Ausstellung präsentiert werden.

Benötigtes Material

- Tonpapier, -karton, evtl. farbiges Papier
- Lapbookvorlagen (Blankovorlagen und Kopiervorlagen)
- kopierte bzw. ausgedruckte Informationen aus Büchern und aus dem Internet
- PCs mit Internetzugang sowie Bücher, Lexika, Sachbücher, Themenkisten aus der Stadtbibliothek o. Ä. zur Themenrecherche
- zum Thema passendes Bildmaterial (Fotos, Kataloge usw.)
- Klebestifte und Tesafilm
- Scheren
- Filz- und/oder Buntstifte
- Stifte zum Schreiben (Bleistifte oder Füller)
- Musterklammern
- evtl. Hefter und Bänder
- weiteres Bastelmaterial zur freien Gestaltung

---
[5] Mandy Fuchs: Lapbooks in der Grundschule. AOL-Verlag: Hamburg 2017.

 *Allgemeine Kopiervorlagen zur Gestaltung des Lapbooks „Geometrie"*

Faltanleitung Lapbook

Du brauchst:
- einen farbigen Tonkarton
- Filz- oder Buntstifte
- evtl. Klebstoff
- eine Schere
- Papier

So geht es:

1. Falte den Tonkarton in der Mitte.

2. Falte ihn dann wieder auseinander.

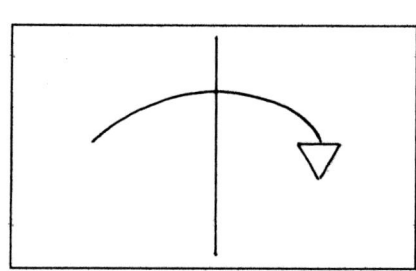
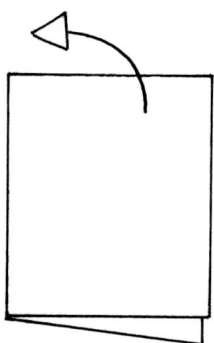

3. Nun siehst du einen Strich in der Mitte des Tonkartons.

   Falte die beiden Seiten des Tonkartons zu diesem Strich in der Mitte.

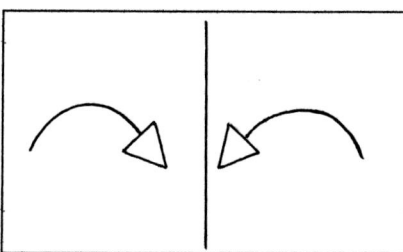

4. Gestalte zunächst die Vorderseite deines Lapbooks passend zum Thema. Du kannst die Vorlagen (Seite 18) benutzen oder es nach deinen eigenen Vorstellungen gestalten. Wichtig ist, dass folgende Angaben auf deinem Lapbook stehen:
   - Thema des Lapbooks
   - dein Name
   - das Datum
   - das Fach und die Klasse

5. Anschließend kannst du dein Lapbook passend zum Thema bunt anmalen oder bekleben.

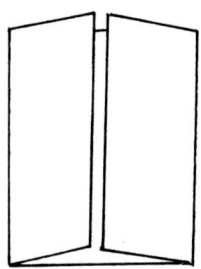

 **Tipp:**
Wenn du später während der Arbeit am Lapbook bemerkst, dass der Platz nicht ausreicht, kannst du noch zusätzliche Flächen anbringen.

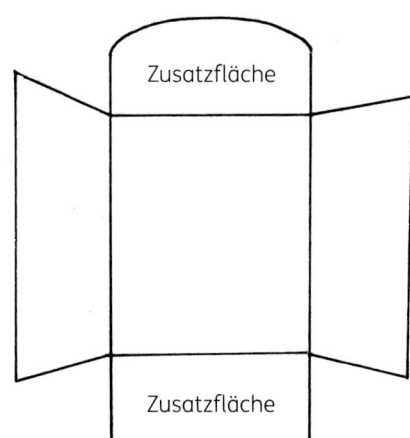

Allgemeine Kopiervorlagen zur Gestaltung des Lapbooks „Geometrie"

Gestaltungshilfe Deckblatt

Du brauchst:
- Filz- oder Buntstifte
- eine Schere
- Klebstoff

So geht es:
1. Male die Vorlagen bunt an.
2. Beschrifte das Namensschild.
3. Schneide die Vorlagen an der gestrichelten Linie aus.
4. Klebe die Vorlagen auf die Vorderseite deines Lapbooks.
5. Nun kannst du die Vorderseite passend zum Thema bunt anmalen und bekleben.

Allgemeine Kopiervorlagen zur Gestaltung des Lapbooks „Geometrie"

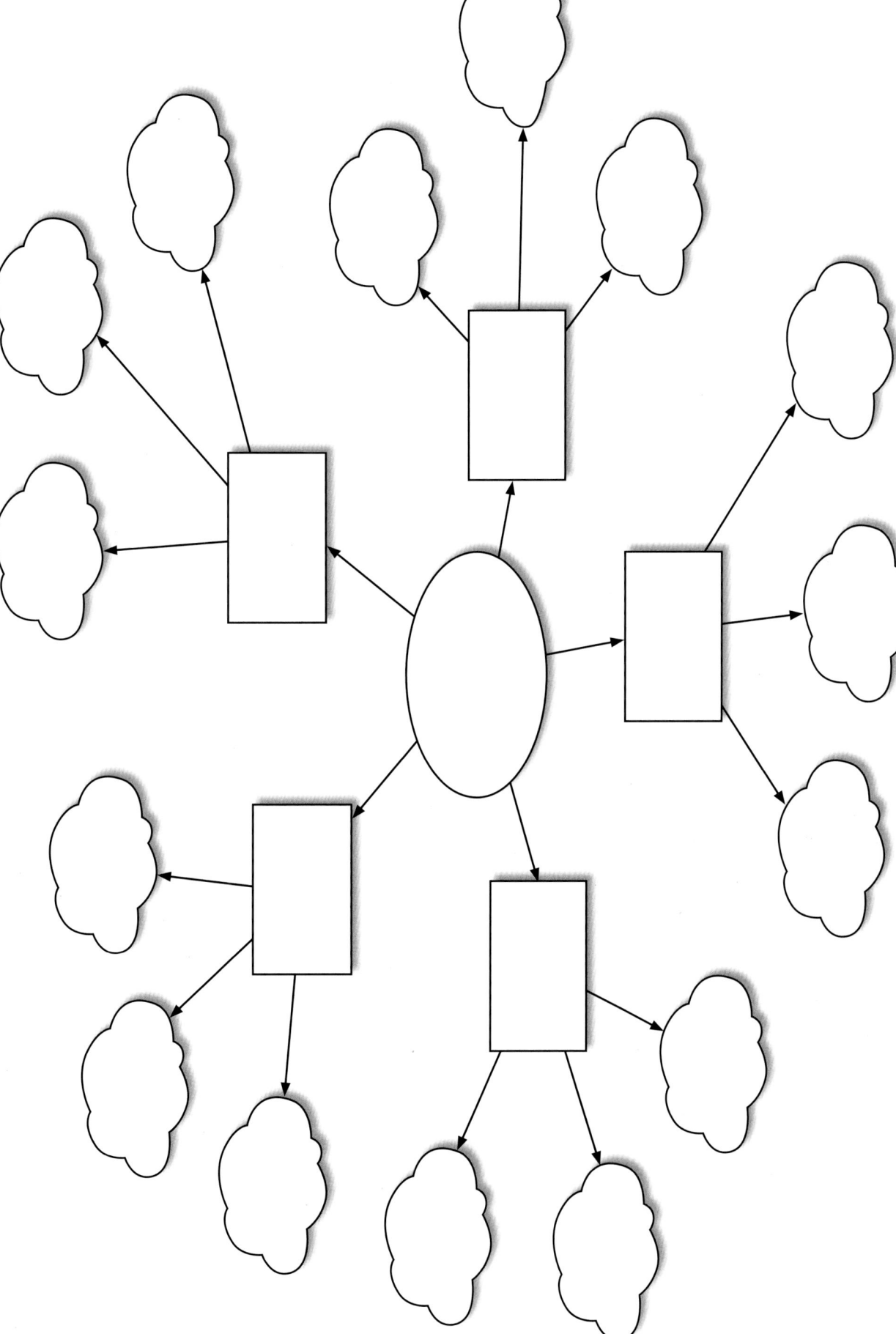

Vorlage für die Erstellung einer Mindmap

Allgemeine Kopiervorlagen zur Gestaltung des Lapbooks „Geometrie"

Wortspeicher (Lernwörter) zum Themenbereich Falten, Schneiden, Zeichnen und Zeichengeräte

Nomen

das Blatt	der Bleistift	der Buntstift	die Ecke	die Faltlin ie	das Faltpapier
die Figur	die Form	die Freihand-zeichnung	das Geodreieck	das Lineal	das Muster
das Origami	das Papier	die Schablone	die Schere	die Skizze	der Spirograf
das Zeichendreieck	das Zeichengerät	der Zettel	die Zettelbox	der Zirkel	

Verben

aufklappen	ausschneiden	falten	messen	skizzieren	zeichnen

Adjektive

eckig	farbig	genau	gerade	rund	sauber

Wortspeicher (Lernwörter) zum Themenbereich Linien, Strecken, Punkte

Nomen

der Abstand	die Ecke	der Endpunkt	die Faltlinie	die Gerade	die Länge
die Linie	der Punkt	der Randpunkt	der Schnittpunkt	die Strecke	der Winkel

Verben

aufklappen	ausschneiden	falten	markieren	messen	vergleichen	zeichnen

Adjektive

gekrümmt	gerade	kurz	lang	parallel	senkrecht	unendlich

Wortspeicher (Lernwörter) zum Themenbereich Orientierung im Raum

Nomen

die Ansicht	die Draufsicht	die Karte	die Lage	die Lagebeziehung	die Orientierung
der Plan	der Raum	die Seitenansicht	die Vorderansicht		

Allgemeine Kopiervorlagen zur Gestaltung des Lapbooks „Geometrie"

Verben

| gehen | kippen | liegen | orientieren | schauen | stehen |

Adjektive, Adverbien und Präpositionen

auf	geradeaus	hinten	hinter	links	neben
oben	räumlich	rechts	schräg	über	unten
unter	vor	vorn	zwischen		

Wortspeicher (Lernwörter) zum Themenbereich Ebene Figuren

Nomen

der Abstand	die Breite	das Drachenviereck	das Dreieck	der Durchmesser	die Ecke
der Eckpunkt	die Figur	die Fläche	die Form	das Fünfeck	das Geodreieck
der Kreis	die Länge	das Lineal	die Linie	der Mittelpunkt	das Paar
das Parallelogramm	das Quadrat	der Radius	die Raute	das Rechteck	das Sechseck
die Seite	das Trapez	das Vieleck	das Viereck	der Winkel	der Zirkel

Verben

| ausmalen | ausschneiden | nachspuren | zeichnen |

Adjektive

benachbart	dreieckig	eben	flach	gegenüberliegend	gekrümmt
gleich	gleichseitig	kreisförmig	kurz	lang	parallel
rechteckig	rechtwinklig	rund	senkrecht		

Allgemeine Kopiervorlagen zur Gestaltung des Lapbooks „Geometrie"

Wortspeicher (Lernwörter) zum Themenbereich Geometrische Körper

Nomen

der Bauplan	das Bauwerk	die Ecke	die Fläche	die Grundfläche	die Kante
das Kantenmodell	der Kegel	das Kegelnetz	die Kugel	die Pyramide	das Pyramidennetz
der Quader	das Quadernetz	die Schachtel	die Seitenfläche	die Spitze	die Walze
der Würfel	das Würfelnetz	der Zylinder	das Zylindernetz		

Verben

| bauen | falten | kippen | kleben | kneten | rollen |
| stapeln | würfeln | | | | |

Adjektive

| gekrümmt | gleichmäßig | kegelförmig | kreisförmig | pyramiden-förmig | quaderförmig |
| sichtbar | würfelförmig | zylinderförmig | | | |

Wortspeicher (Lernwörter) zum Themenbereich Symmetrien und Muster

Nomen

die Achsen-symmetrie	die Drehsymmetrie	die Hälfte	das Mandala	das Muster	das Parkett
das Parkettmuster	der Punkt	die Regelmäßigkeit	die Schere	der Scherenschnitt	die Spiegelachse
die Spiegelfigur	die Symmetrie	die Symmetrie-achse			

Verben

| auslegen | drehen | falten | legen | schneiden | spiegeln | zeichnen |

Adjektive

| achsensymmetrisch | drehsymmetrisch | halb | regelmäßig |

Falten, Schneiden, Zeichnen und Zeichengeräte – Forscherkarte 1

Forscherauftrag

Erforsche, wie du durch *Falten, Zeichnen, Schneiden und mit Zeichengeräten* Figuren aus Papier und auf Papier darstellen kannst!

Überlege dir spannende Forscherfragen.

Erforsche und beantworte sie.

Erstelle dazu Faltelemente für dein Geometrie-Lapbook.

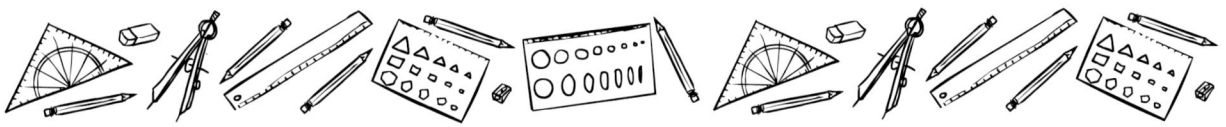

Falten, Schneiden, Zeichnen und Zeichengeräte – Forscherkarte 2

Du kannst von diesen Forscherfragen und Ideen auswählen:
- Welche Formen und Figuren kannst du aus einem Zettel der Zettelbox falten?
- Was ist Origami? Welche Origamifiguren kannst du schon falten?
- Falte und schneide einen Zettel so, dass Formen und Muster entstehen.
- Welche Zeichengeräte kennst du? Wofür kannst du sie nutzen?
- Was ist eine Skizze? Wann sind Skizzen sinnvoll?
- Welche Alltagsgegenstände kannst du als Schablonen nutzen?
- Beschreibe das Geodreieck. Was kannst du damit besonders gut zeichnen?
- Male und erforsche Kreismuster mit einem Spirografen.

Was du zum Falten, Schneiden und Zeichnen brauchen kannst:
- farbige und weiße Zettel aus der Zettelbox, farbiges Faltpapier
- Schere, Klebestift
- Lineal, Zeichendreieck, Geodreieck, Zirkel
- verschiedene Schablonen, Spirograf (Schablonen für Kreismuster)

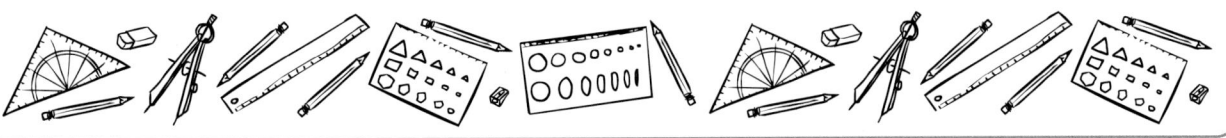

Falten, Schneiden, Zeichnen und Zeichengeräte – Forscherkarte 3

Forscheraufträge

1. Mit der Vorlage von Seite 25 kannst du dein eigenes Faltbuch herstellen. Die Anleitung dazu findest du auf der Seite 26.

2. Falte immer aus einem farbigen Quadrat (Seitenlänge etwa 5 cm) vorgegebene und eigene Faltformen und klebe sie in dein Faltbuch. Klebe dein Faltbuch in dein Lapbook.

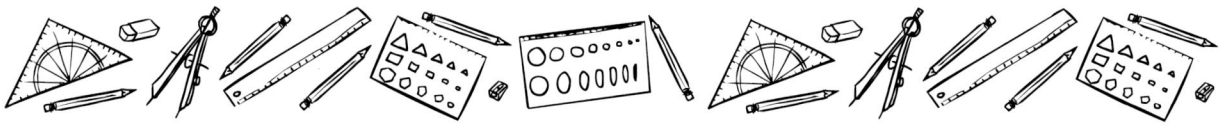

Falten, Schneiden, Zeichnen und Zeichengeräte – Forscherkarte 4

Forscheraufträge

1. Mit der Vorlage von Seite 27 kannst du eine besondere Falttechnik lernen: die Pop-up-Technik. Schneide die vier Quadrate aus. Schneide und falte sie wie vorgegeben. Erforsche die Formen. Denke dir auch selbst neue Pop-ups aus. Klebe die Pop-ups so in dein Lapbook, dass sie sich öffnen können.

2. Übe das Zeichnen geometrischer Formen ohne Hilfsmittel und mit Zeichengeräten. Denke dir dazu ein geometrisches Bild aus. Fertige zuerst eine Skizze an. Male dein Bild dann mit dem Geodreieck, dem Zirkel und dem Lineal. Nutze dazu die Vorlagen von Seite 28.

3. Die Beschreibungen zum Geodreieck und zum Zirkel kannst du als Merkhilfe in dein Lapbook kleben.

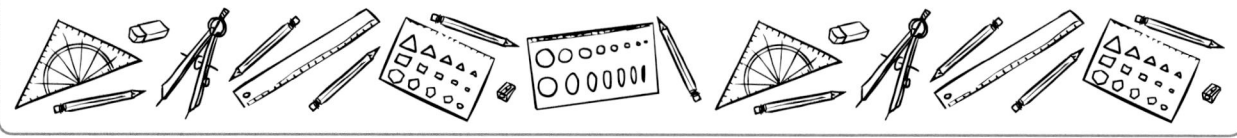

Faltbuch „Papier falten"

Mein Faltbuch

Name: _____

Ein Dreieckstuch — 2

Ein Schrank — 3

Ein Taschentuch — 4

Ein _____ — 9

Ein Haus — 5

Ein _____ — 6

Ein — 7

— 8

 # Anleitung Faltbuch „Papier falten"

Du brauchst:
- eine Schere
- Vorlage Faltbuch (Seite 25)

So geht es:

1. Schneide die Vorlage vom Faltbuch an der gestrichelten Linie aus. Lege das Blatt mit der unbeschriebenen Seite wie rechts zu sehen vor dich hin.
2. Falte es einmal in der Mitte.

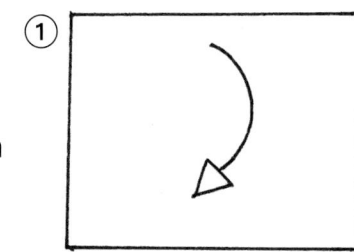 

3. Falte es wieder auseinander.

4. Lege das Blatt mit der unbeschriebenen Seite so vor dich hin.

   Falte es einmal in der Mitte.

   Schneide das Blatt an der gestrichelten Linie ein.

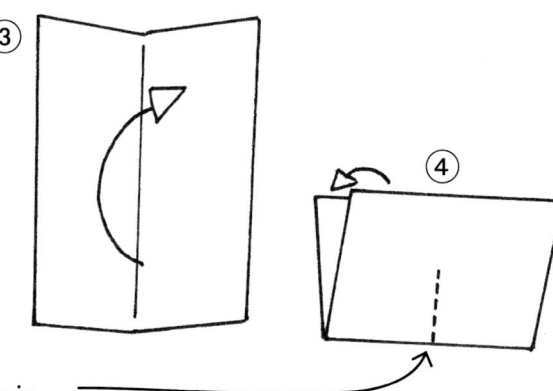

5. Falte die beiden Seiten an den durchgezogenen Linien so nach unten.

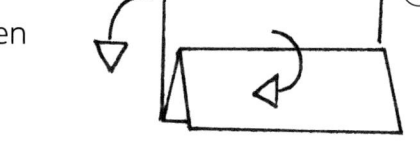

6. Falte das Blatt wieder auseinander.

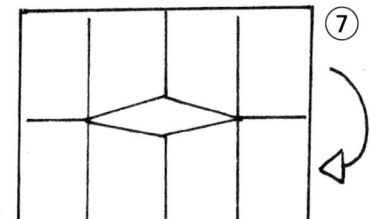

7. Falte das Blatt wieder der Länge nach in der Mitte, sodass die beschriebene Seite sichtbar wird.

8. Schiebe das Blatt in der Mitte so zusammen: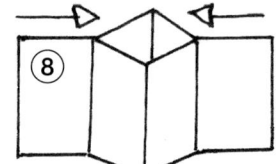

9. Nun kannst du das Faltbuch zusammenklappen.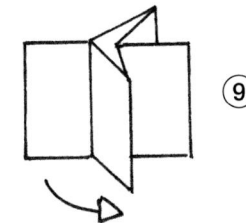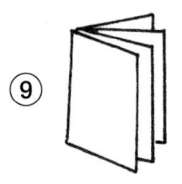

Hinweis: Du kannst dein Buch mit der Seite 8 auf dein Lapbook kleben oder es in einen Umschlag stecken.

 ## Faltquadrate „Pop-up-Technik"

———————————— Falte nach hinten
— — — — — — — — Falte nach vorne

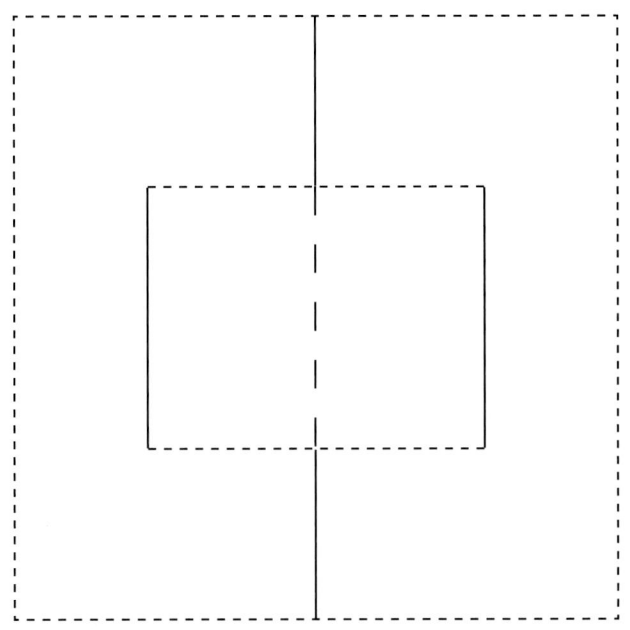

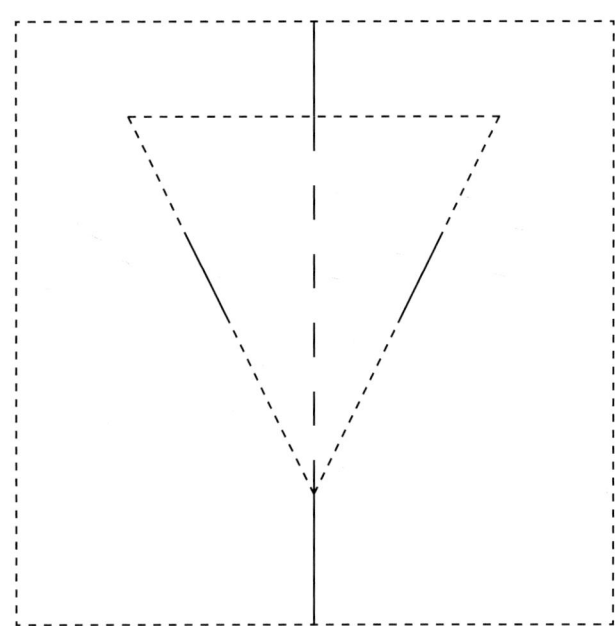

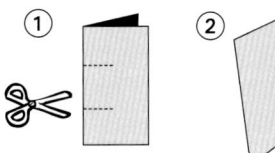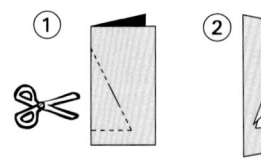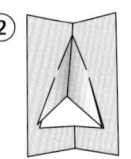

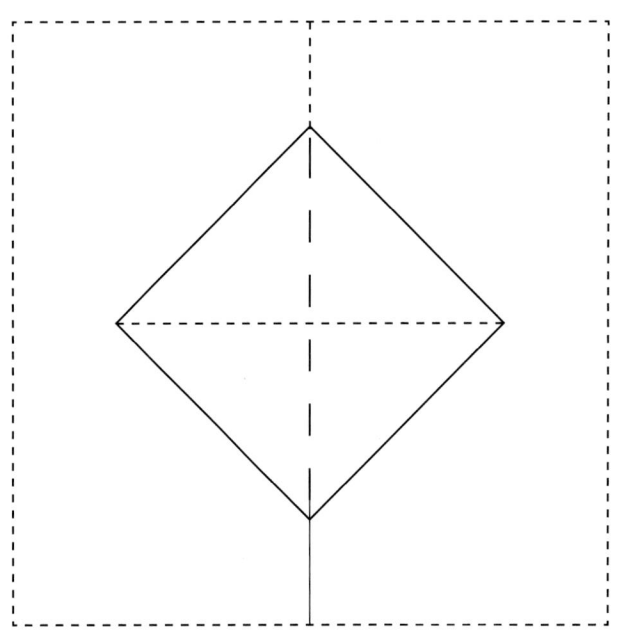

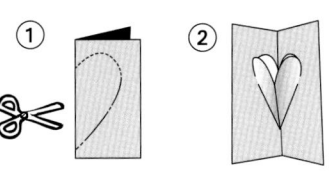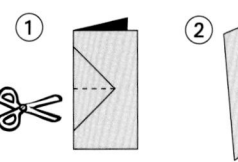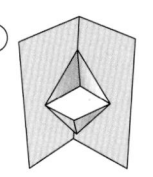

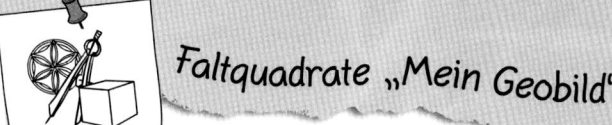

Faltquadrate „Mein Geobild"

Mein Geobild	
Skizze	mit Geodreieck

Mein Geobild	
Skizze	mit Zirkel

Das Geodreieck

- Winkelmarkierung 90°
- innere Winkelskala
- äußere Winkelskala
- Winkelmarkierung 45°
- parallele Hilfslinien
- Nullpunkt
- Lineal von 0–7 cm

Der Zirkel

- Griff zum Festhalten und Drehen
- Manchmal ist an dieser Stelle noch eine Verstellschraube/-rad.
- Halterung für die Schenkel
- Schenkel
- Feststellschraube für Spitze
- Feststellschraube für Mine
- Bleistiftmine
- Einstechspitze für den Mittelpunkt

Linien, Strecken, Punkte – Forscherkarte 1

Forscherauftrag

Erforsche wichtige Dinge zu *Linien, Geraden, Strecken, Punkten und Winkeln*.

Überlege dir spannende Forscherfragen.

Erforsche und beantworte sie.

Erstelle dazu Faltelemente für dein Geometrie-Lapbook.

Linien, Strecken, Punkte – Forscherkarte 2

Du kannst von diesen Forscherfragen und Ideen auswählen:
- Falte Zettel der Zettelbox einmal, zweimal usw. Was kannst du entdecken?
- Zeichne mit dem Geodreieck Muster nur aus parallelen und senkrechten Linien. Du kannst sie farbig gestalten.
- Zeichne mit Schablonen Muster aus geraden und gekrümmten Linien.
- Künstler wie Joan Miró, Wassily Kandinsky und Victor Vasarely haben in ihren Kunstwerken vor allem mit geraden und gekrümmten Linien gearbeitet. Schaue dir Bilder von ihnen an. Male auch ein solches Bild.
- Kennst du die Zentagle-Methode? Erkunde sie. Male selbst Zentagle-Muster.

Was du für dieses Thema brauchen kannst:
- farbige und weiße Zettel aus der Zettelbox, farbiges Faltpapier
- Schere, Klebestift, Malkasten, Farbstifte
- Lineal, Zeichendreieck, Geodreieck, Zirkel, verschiedene Schablonen
- Zentagle-Materialien (Vorlagen, Stifte, Kacheln usw.)

Linien, Strecken, Punkte – Forscherkarte 3

Forscheraufträge

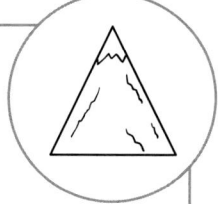

1. Mit der Vorlage von Seite 31 kannst du ein Wegespiel herstellen.

    Tipp: Dafür kann sie mehrfach kopiert werden.

   Schneide die Karten aus und gestalte damit Wegenetze.
   Achtung: Es soll keine Sackgassen geben!
   Beschreibe dein Wegenetz. Nutze dafür folgende Begriffe: gerade Linie (Weg), gekrümmte Linie (Kurve), Strecke (von Kreuzung zu Kreuzung), zueinander parallele Strecken (Wege), zueinander senkrechte Strecken (Kreuzungen) und rechter Winkel.
   Male dein Wegenetz auf Karopapier. Erfindet auch ein Partnerspiel dazu.

2. Aus der Vorlage von Seite 32 kannst du einen Umschlag für dein Wegespiel herstellen. Klebe ihn in dein Lapbook.

Linien, Strecken, Punkte – Forscherkarte 4

Forscheraufträge

1. Mit den Vorlagen von Seite 33 und 34 kannst du dir ein Faltbuch als Merkhilfe zu Linien, Strecken und Geraden herstellen, fehlende Angaben ergänzen und in dein Lapbook kleben.

2. Die zweite Vorlage von Seite 34 ist ein Faltquadrat zu rechten Winkeln. Suche in den Bildern rechte Winkel und markiere sie farbig. Du kannst selbst auch Bilder aufkleben.

 Karten für „Wegespiel"

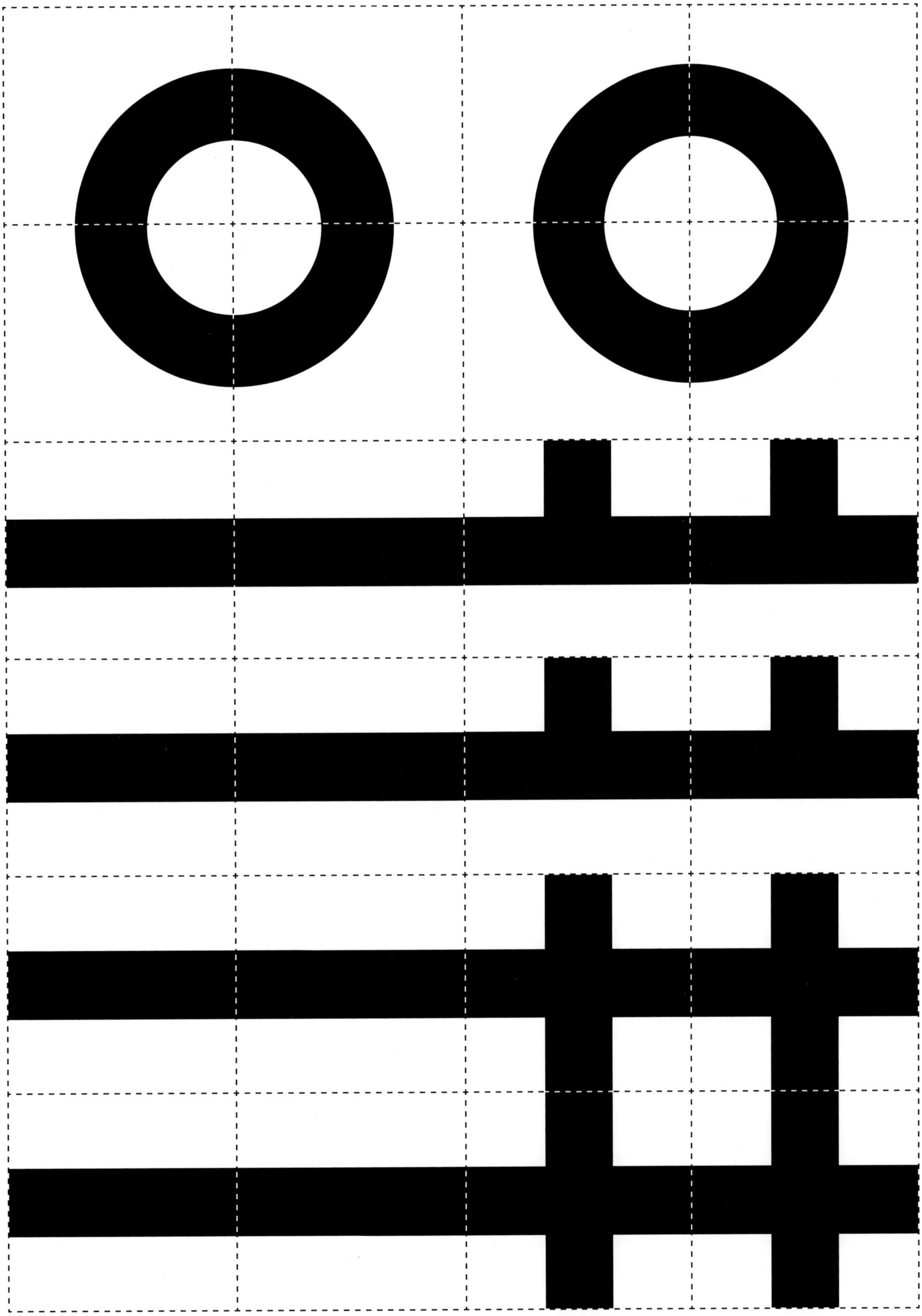

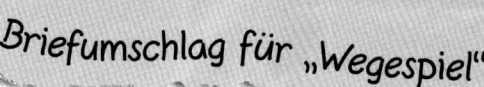 Briefumschlag für „Wegespiel"

Mein Wegespiel

Faltbuch „Linien, Strecken, Punkte" (1)

Deckblatt

Mein Buch über:
Linien, Strecken,
Geraden, Schnittpunkte
und Winkel

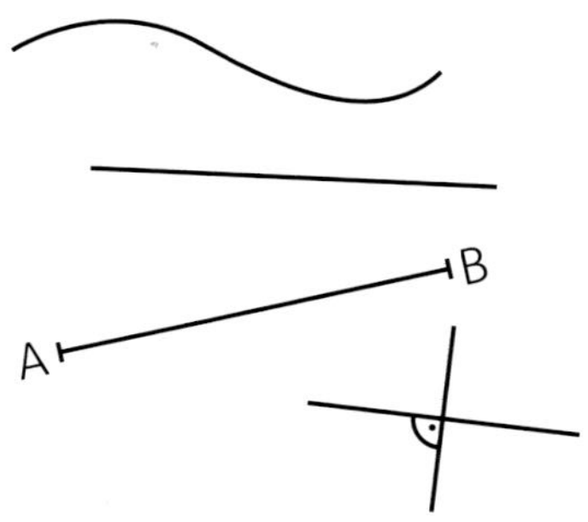

Blatt 1 — Linien

Linien können gerade oder gekrümmt sein.

Zeichne:

gerade Linien

gekrümmte Linien

Blatt 2 — Strecken / Geraden

Eine **Strecke** ist eine gerade Linie mit zwei Randpunkten.

Die Strecke $\overline{AB}$ ist _____ cm lang.

Eine gerade Linie ohne Endpunkte nennt man **Gerade**.

Geraden sind unendlich lang.

Blatt 3 — Schnittpunkt

Wenn zwei Strecken oder Geraden sich schneiden, dann entsteht ein Schnittpunkt. Ein solcher Punkt heißt auch **Schnittpunkt**. Punkte bezeichnet man mit großen Buchstaben.

Zeichne ein Beispiel.

© AOL-Verlag

Faltbuch „Linien, Strecken, Punkte" (2)

Blatt 4

Zueinander **parallele Geraden** sind Geraden, die sich nicht schneiden. Der Abstand zwischen den Geraden bleibt immer gleich.

Zeichne ein Beispiel. Nutze dein Geodreieck.

parallele Geraden

Blatt 5

Wenn man einen Zettel aus der Zettelbox einmal längs und einmal quer faltet (immer Ecke auf Ecke), dann erhält man beim Aufklappen zwei Faltlinien.

Diese beiden Geraden sind **senkrecht zueinander.** Die Geraden bilden einen **rechten Winkel.**

senkrechte Geraden – rechte Winkel

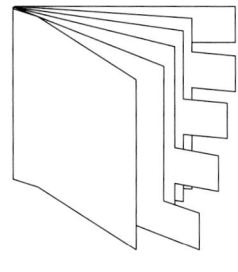

Bastelhinweis

Schneide die sechs Vorlagen an den gestrichelten Linien aus und klebe sie entsprechend der Reihenfolge auf den schraffierten Flächen aufeinander. Falte sie an den Linien.

Faltquadrat „Rechte Winkel"

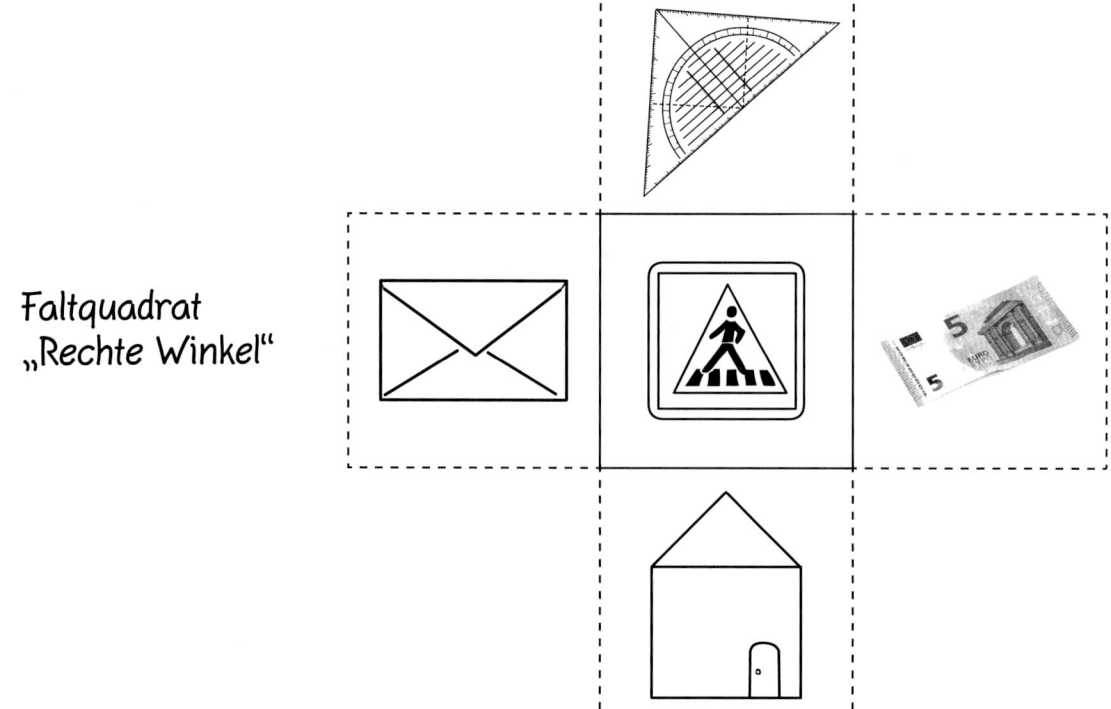

Orientierung im Raum – Forscherkarte 1

Forscherauftrag

Erforsche das Thema *Orientierung im Raum*.

Überlege dir spannende Forscherfragen.

Erforsche und beantworte sie.

Erstelle dazu Faltelemente für dein Geometrie-Lapbook.

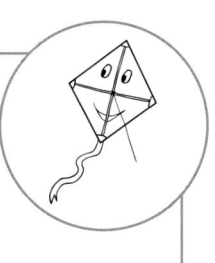

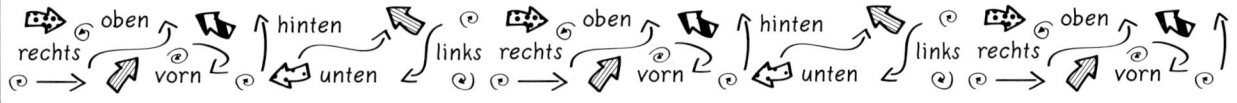

Orientierung im Raum – Forscherkarte 2

Du kannst von diesen Forscherfragen und Ideen auswählen:

- Wie merkst du dir rechts und links?
- Wie sehen Gegenstände von verschiedenen Seiten aus?
- Wer sitzt im Klassenraum links oder rechts von dir, hinter, vor oder neben dir?
- Beschreibe, wie du vom Schuleingang zu deinem Klassenraum gelangen kannst.
- Welche Angaben kannst du in einem Stadtplan ablesen? Beschreibe Wege auf einem solchen Plan.

Was du für dieses Thema brauchen kannst:

- Gegenstände zum Zeichnen von Ansichten (z. B. Bausteine)
- Spielwürfel für Kippwege
- Stadtpläne, Pläne von Zoos oder Freizeitparks
- Schere, Klebestift
- Lineal, Zeichendreieck, Geodreieck

Orientierung im Raum – Forscherkarte 3

Forscheraufträge

1. Das Faltquadrat von Seite 37 kannst du als Plan zum Würfelkippen nutzen. Lege einen Würfel genau in die Mitte und kippe ihn dann in Gedanken in die angegebenen Richtungen. Wo liegt nach dem Kippen immer die Sechs? Welche Augenzahlen liegen dann immer oben? Denke dir auch eigene Spielregeln aus.

2. Erforsche Ansichten. Wie sehen Körper oder Bauwerke von vorn, von rechts, von links, von hinten und von oben aus? Nutze die Vorlagen von Seite 38 und ergänze sie.

Orientierung im Raum – Forscherkarte 4

Forscheraufträge

1. Mit der Vorlage von Seite 39 kannst du herausfinden, wo sich die Katze befindet. Du kannst die Lösung immer auf die Rückseite kleben oder schreiben.

2. Mit der Vorlage von Seite 40 kannst du ein Faltbuch herstellen und damit rechts und links üben. Male immer den passenden Pfeil aus oder zeichne selbst den passenden Pfeil. Unterstreiche immer das richtige Wort („rechts" oder „links") oder trage selbst das richtige Wort ein.

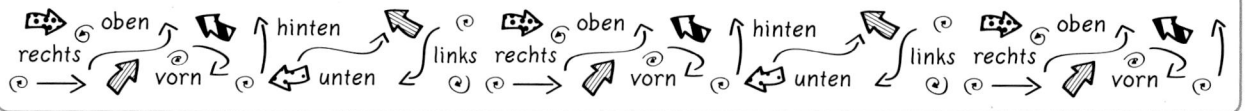

Faltquadrat „Würfel kippen"

Wo ist die Sechs?

Kippe den Würfel zuerst in Gedanken.
Achte dabei auf die Sechs.
Prüfe mit einem Würfel.

		nach hinten		
		nach hinten		
nach links	nach links	**Kippe!**	nach rechts	nach rechts
		nach vorn		
		nach vorn		

37

Tor und Herz „Ansichten“

von **vorn**

von ____________

von ____________

von ____________

von ____________

von ____________

von ____________

von ____________

Die Seitenansichten bei einem Würfel sind immer ____________.

Die Seitenansicht einer Kugel ist immer ein ____________.

Die Draufsicht bei einem Würfel ist immer ____________.

Ansichten

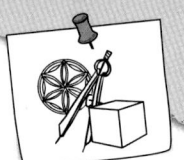

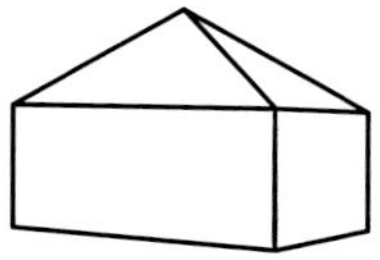

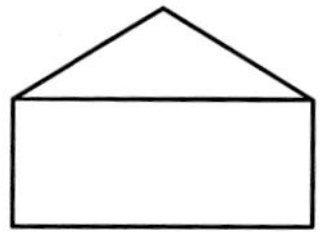

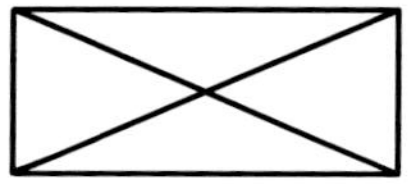

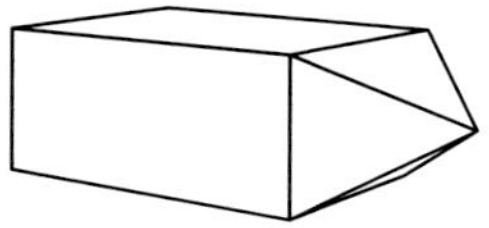

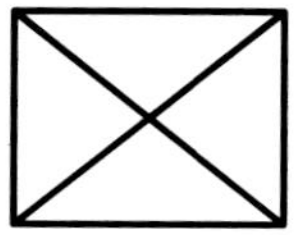

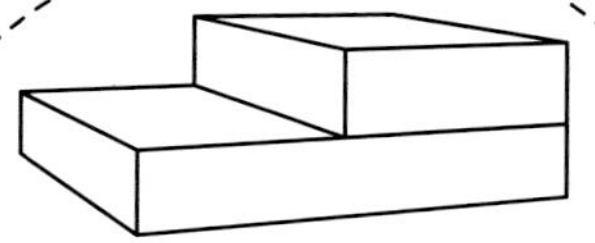

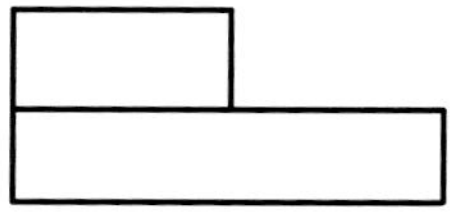

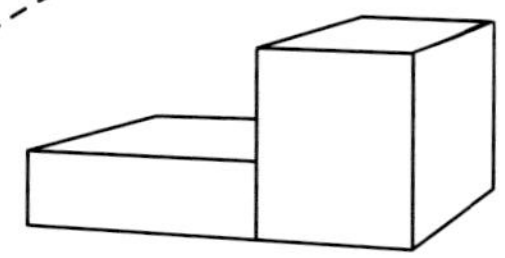

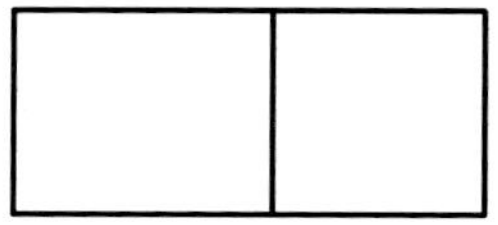

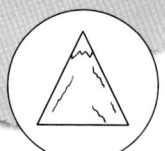

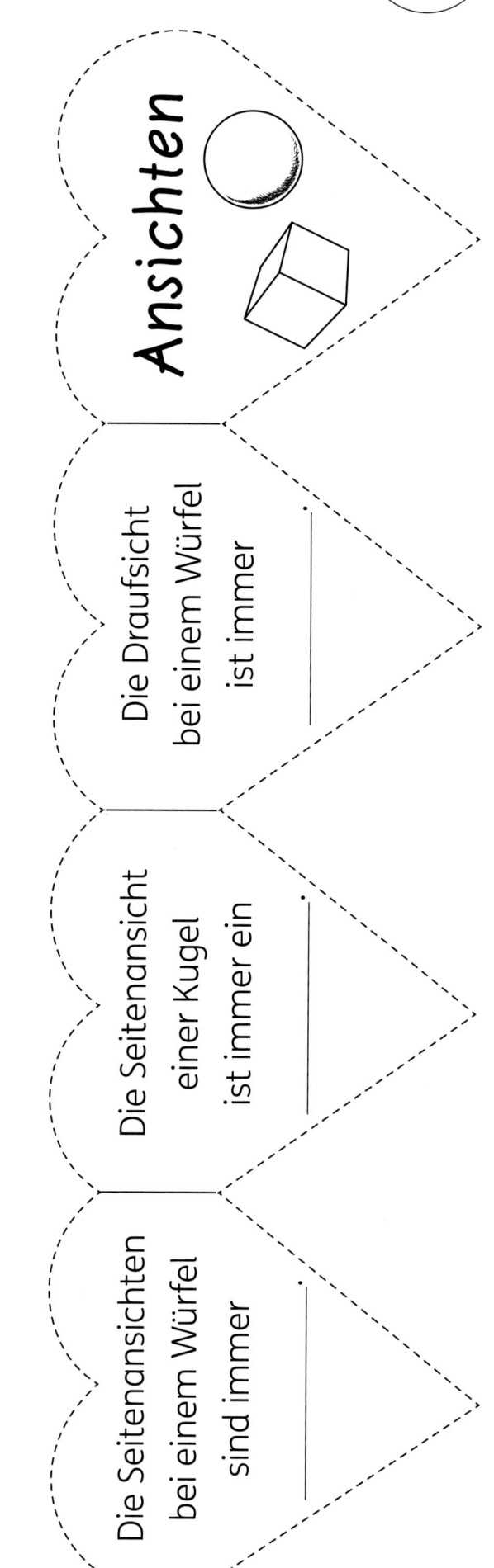

 Faltkörbchen „Wo ist die Katze?"

links	rechts	oben (auf)
unter	vor	hinter

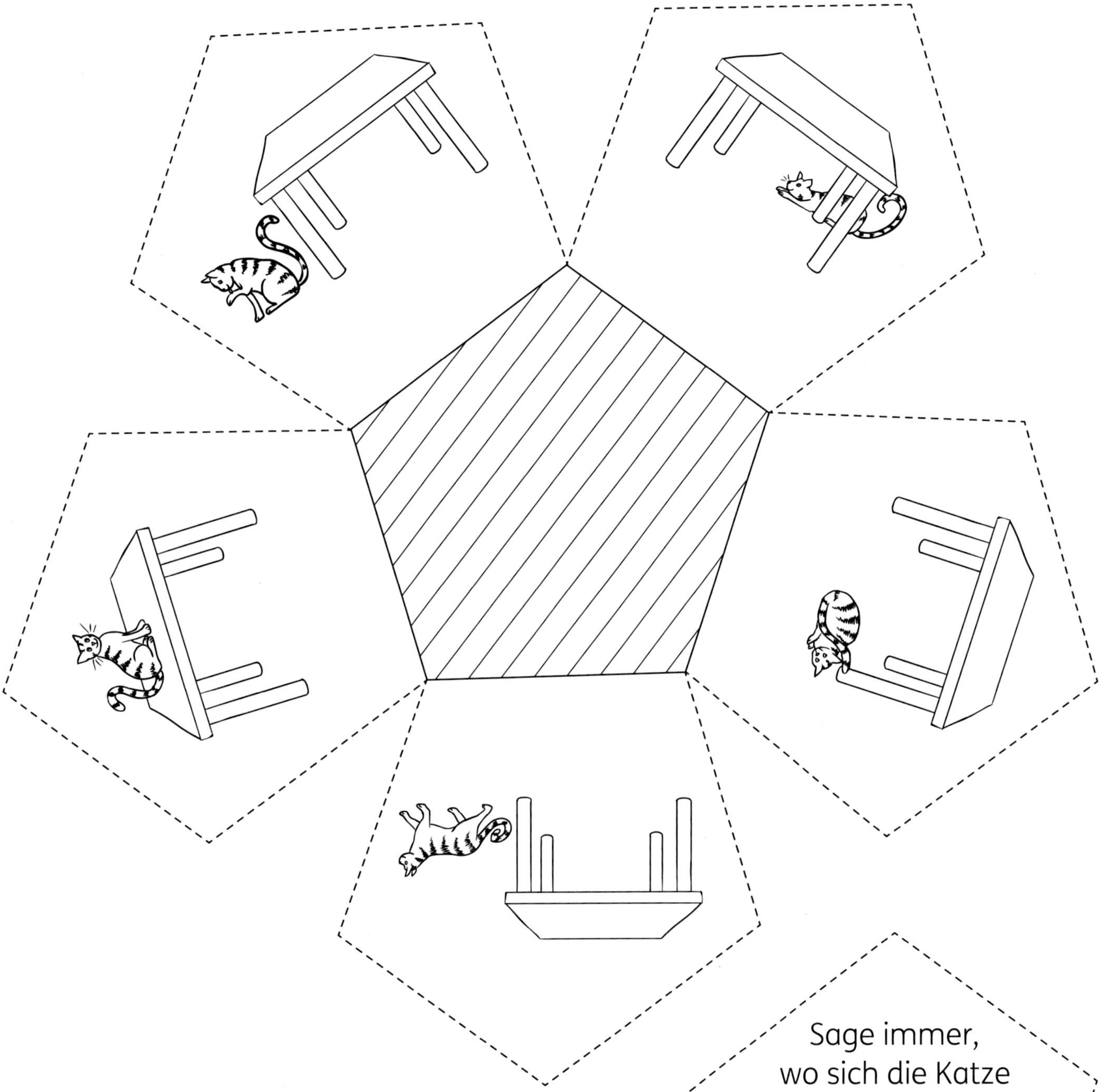

Sage immer, wo sich die Katze befindet.

Klebe das Fünfeck nach dem Falten auf die Rückseite der Klebefläche.

 Faltbuch „Rechts oder links?"

Rechts oder links?

🚗	🚚	🚌	🚲	🚐
→ ←	→ ←	→ ←	→ ←	→ ←
<u>rechts</u> links	rechts links	rechts links	rechts links	rechts links
🚶	🏃‍♀️	🧍	🏃	🧍‍♀️
→ ←	→ ←	→ ←	→ ←	→ ←
rechts links	rechts links	rechts links	rechts links	rechts links
🫎	🦒	🐕	🦩	🐿️
___	___	___	___	___

40

Ebene Figuren – Forscherkarte 1

Forscherauftrag

Erforsche *ebene Figuren*, zum Beispiel Dreiecke, Vierecke, Kreise und Vielecke.

Überlege dir spannende Forscherfragen.

Erforsche und beantworte sie.

Erstelle dazu Faltelemente für dein Geometrie-Lapbook.

Ebene Figuren – Forscherkarte 2

Du kannst von diesen Forscherfragen und Ideen auswählen:
- Welche geometrischen Figuren kennst du? Beschreibe ihre besonderen Merkmale und zeichne Beispiele.
- Zeichnen mit dem Zirkel. Erfinde Kreismuster.
- Erforsche Parkette. Erfinde selbst Parkettmuster. Lege und zeichne sie.
- Erforsche Kunstwerke von Paul Klee, Joan Miró, Wassily Kandinsky und Victor Vasarely. Was entdeckst du? Male auch ein solches Bild.
- Kennst du die Zentagle-Methode? Erkunde sie. Male selbst Zentagle-Muster.

Was du für dieses Thema brauchen kannst:
- Legematerial (Kreise, Dreiecke, Vierecke aus der Beilage deines Schulbuchs)
- Patternblogs (geometrische Holzfiguren), Pentominos (Quadratfünflinge), Tangrams
- Werbeprospekte und Kataloge zum Ausschneiden von geometrischen Alltagsfiguren
- Schere, Klebestift
- Lineal, Zeichendreieck, Geodreieck, Schablone, Zirkel
- Zentagle-Materialien (Vorlagen, Stifte, Kacheln usw.)

Ebene Figuren – Forscherkarte 3

Forscheraufträge

1. Mit der Vorlage von Seite 43 kannst du eine Falttasche herstellen. Darin kannst du verschiedene Sachen aufbewahren, z. B. ausgeschnittene Bilder oder Rätsel von geometrischen Figuren.

2. Aus der Vorlage von Seite 44 entsteht ein Faltbuch zu geometrischen Figuren. Die Faltanleitung findest du auf Seite 26. Ergänze selbst fehlende Angaben. Ergänze selbst noch geometrische Figuren.

3. Aus der Vorlage von Seite 45 kannst du ein Flipflap zu allen Vierecksarten falten. Ergänze ihre wichtigen Merkmale.

Ebene Figuren – Forscherkarte 4

Forscheraufträge

1. Mit den Vorlagen der Seiten 46, 47 und 48 kannst du ein Faltdreieck, einen Faltkreis und ein Faltviereck herstellen. Wähle hierfür aus den Vorgaben aus. Du kannst selbst auch noch eigene Ideen ergänzen. Nutze dazu die Vorlagen als Schablone.

   Tipp: Du kannst die Formen auch an den Klebestellen zusammentackern.

2. Aus den Vorlagen der Seite 49 kannst du dein eigenes Tangram- und Pentominospiel herstellen und in den Faltecken im Lapbook aufbewahren. Schneide die Teile aus und lege Muster und Figuren.

   Tipp: Klebe die Vorlage vor dem Zerschneiden auf Pappe oder lasse sie laminieren.

 Falttasche „Ebene Figuren"

Bilder mit geometrischen Figuren

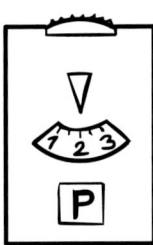

 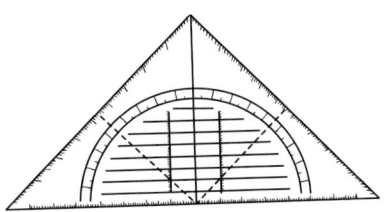 

Faltbuch „Geometrische Figuren"

Geometrische Figuren

Name: _____

Dreieck

Ecken ☐
Seiten ☐

✏️ Beispiele:

Rechteck

Ein Rechteck ist ein Viereck mit vier rechten Winkeln. Gegenüberliegende Seiten sind _____ und _____ zueinander.

✏️ Beispiele:

Quadrat

Wenn in einem Rechteck alle vier Seiten _____ sind, dann nennt man es Quadrat.

✏️ Beispiele:

Ecken ☐
Seiten ☐

Beispiel:

Kreis

Ecken ☐
Seiten ☐

Beispiel:

Mittelpunkt
Durchmesser
Radius

Ecken ☐
Seiten ☐

Beispiel:

© AOL-Verlag

 Flipflap „Vierecksarten"

Vierecksarten

Viereck
- Ecken ☐
- Seiten ☐

Rechteck
- rechte Winkel
- Gegenüberliegende Seiten sind gleich lang und parallel zueinander.

Quadrat
- rechte Winkel ☐
- gleich lange Seiten ☐

Parallelogramm

Gegenüberliegende Seiten sind jeweils _____ zueinander.

Raute (Rhombus)

Eine Raute ist ein Parallelogramm mit ☐ gleich langen Seiten.

Trapez

mindestens ☐ gegenüberliegende, zueinander parallele Seiten

Drachenviereck

☐ Paare gleich lange, benachbarte Seiten

Faltdreieck

Ich kann Dreiecksmuster malen.

Dreieck

Das Dreieck hat
_____ Ecken
und _____ Seiten.

Ich kann Dreiecke nachspuren.

Ich kann Dreiecke zeichnen.

das Dreieck

Ich kann das Wort richtig schreiben.

Ich kann Dreiecke finden und ausmalen.

 Faltkreis

Kreis

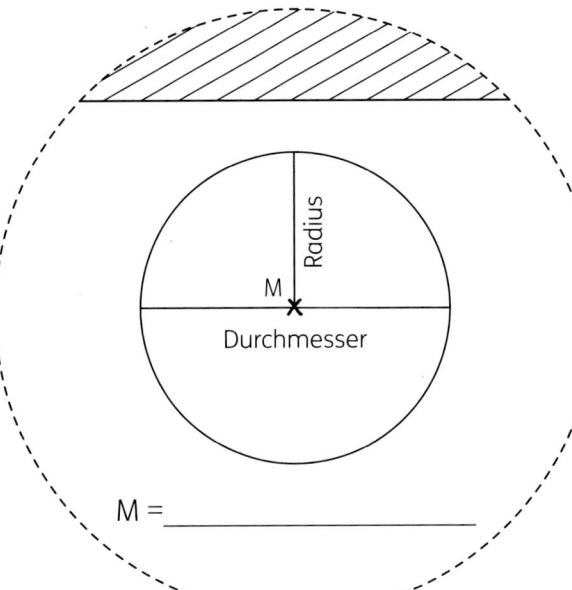

M = _____

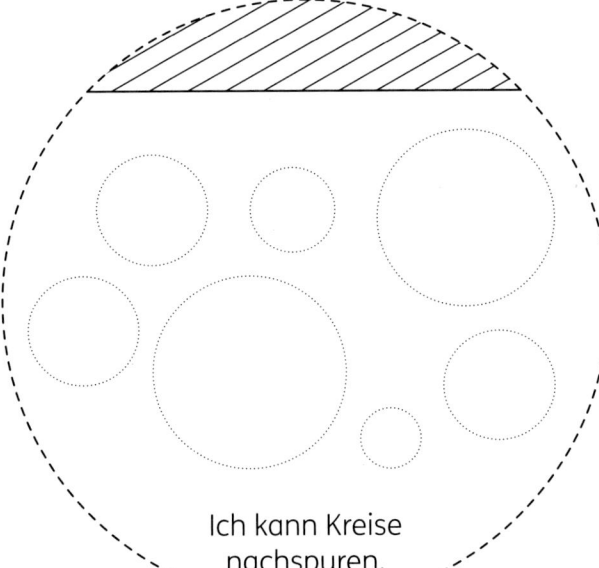

Ich kann Kreise nachspuren.

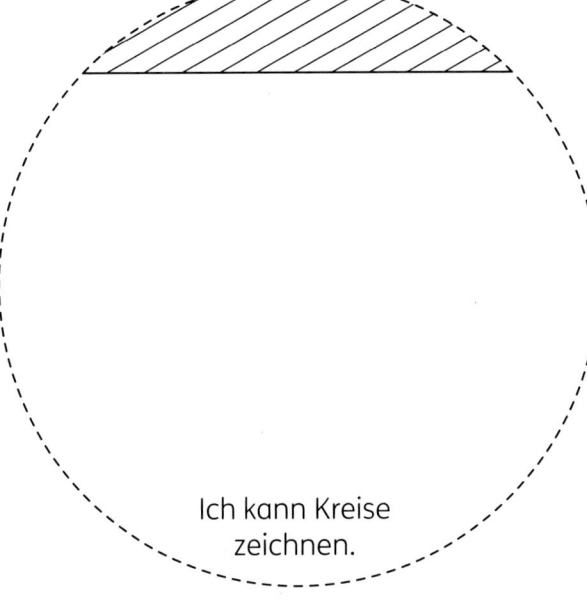

Ich kann Kreise zeichnen.

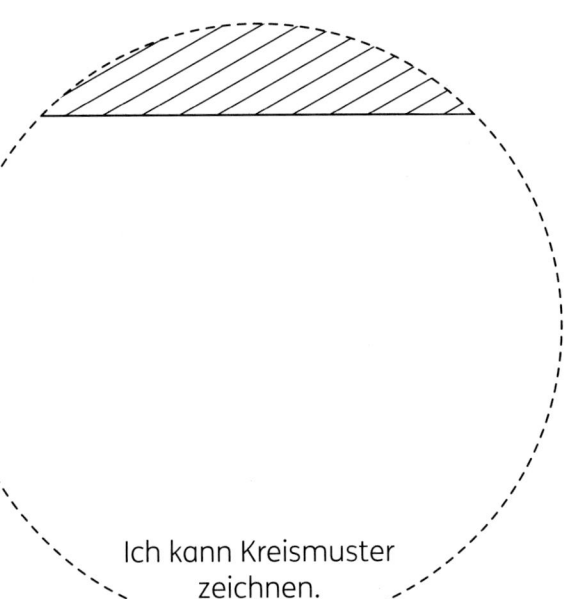

Ich kann Kreismuster zeichnen.

Ich kann Kreise finden und ausmalen.

 Faltviereck

Viereke

Viereke haben

☐ Ecken und

☐ Seiten.

Ich kann Viereke nachspuren.

Ich kann Viereke zeichnen.

Ich kenne:

☐ Quadrat
☐ Rechteck
☐ Parallelogramm
☐ Trapez
☐ Raute
☐ Drachenviereck

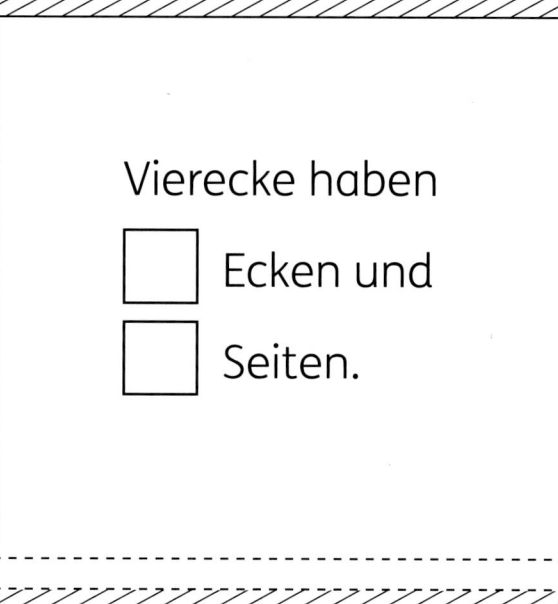

Kreuze an und verbinde.

Ich kann Viereke finden und ausmalen.

Legespiele „Tangram" und „Pentominos"

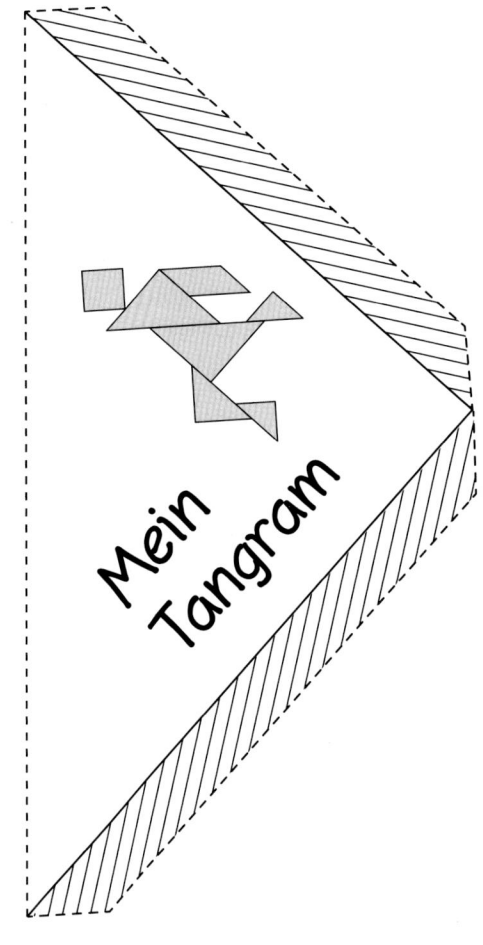

Mein Tangram

Meine Pentominos

49

Geometrische Körper – Forscherkarte 1

Forscherauftrag

Erforsche *geometrische Körper*, zum Beispiel Quader, Würfel, Kugeln, Zylinder, Kegel und Pyramiden.

Überlege dir spannende Forscherfragen.

Erforsche und beantworte sie.

Erstelle dazu Faltelemente für dein Geometrie-Lapbook.

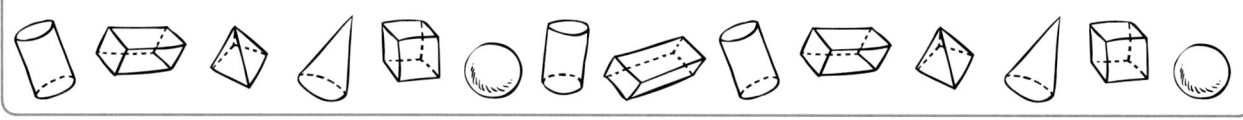

Geometrische Körper – Forscherkarte 2

Du kannst von diesen Forscherfragen und Ideen auswählen:
- Welche geometrischen Körper kennst du? Beschreibe ihre besonderen Merkmale und schneide Beispiele aus Prospekten aus.
- Stelle Kantenmodelle her (z. B. aus eingeweichten Erbsen und Zahnstochern). Mache Fotos und klebe sie in dein Lapbook.
- Baue mit Würfeln und Bausteinen. Erforsche Ansichten. Stelle Baupläne her.
- Sammle Schachteln und erforsche ihre Netze.
- Zeichne Schrägbilder von Körpern (3-D-Ansichten).

Was du für dieses Thema brauchen kannst:
- geometrische Körper (Vollkörper, Hohlkörper zum Befüllen, Körpernetze)
- Holzwürfel, Bausteine, Steckwürfel, Somawürfel
- Werbeprospekte und Kataloge zum Ausschneiden von geometrischen Alltagsfiguren
- Schere, Klebestift
- Lineal, Zeichendreieck, Geodreieck, Schablone, Zirkel
- Zahnstocher, Holzspieße, ungeschälte Erbsen, Knete

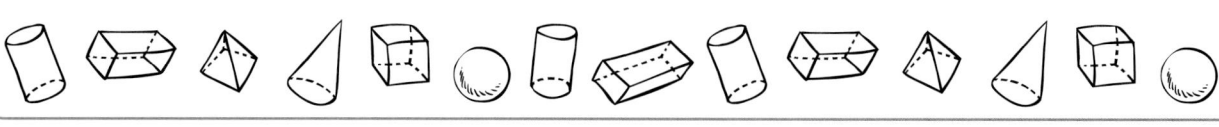

Geometrische Körper – Forscherkarte 3

Forscheraufträge

1. Mit den Vorlagen der Seiten 52 und 53 kannst du ein Flipflap zu geometrischen Körpern herstellen. Schneide die Karten mit den Bildern und Rätseln von Seite 53 aus und klebe sie im Flipflap richtig ein.

2. Schneide die Körpernetze der Vorlage von Seite 54 aus und falte sie. Male gegenüberliegende Flächen (wenn möglich) in derselben Farbe an. Klebe die Körpernetze so in dein Lapbook, dass du sie immer wieder zu Körpern falten kannst.

Geometrische Körper – Forscherkarte 4

Forscheraufträge

1. Aus der Vorlage von Seite 55 entsteht ein Faltbüchlein mit Steckbriefen über geometrische Körper. Die Faltanleitung findest du auf Seite 26. Erforsche die Körper und ergänze fehlende Angaben.

2. Mit der Vorlage von Seite 56 kannst du alle elf Würfelnetze herstellen. Male gegenüberliegende Flächen in derselben Farbe an. Klebe die Würfelnetze in dein Lapbook oder stecke sie in einen Umschlag (z. B. in den Briefumschlag für „Wegespiel", Seite 32).

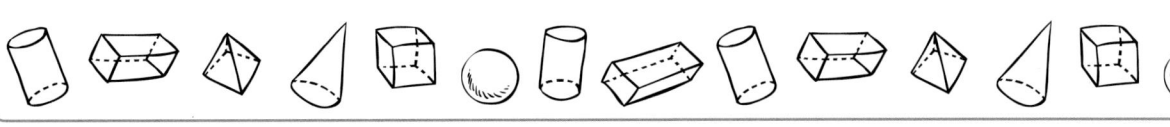

 Flipflap „Geometrische Körper"

Diese Fläche wird auf das Lapbook geklebt.

Quader

Würfel

Kugel

Zylinder

Pyramide

Kegel

 **Ausschneidekarten für das Flipflap „Geometrische Körper"**

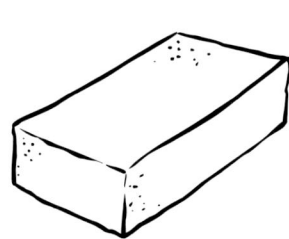   

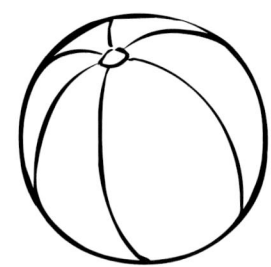   

   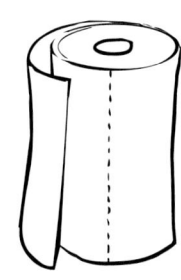

Ich sehe von oben so aus: 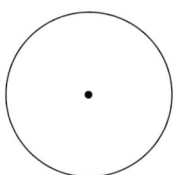	Ich sehe nicht nur von vorn so aus: 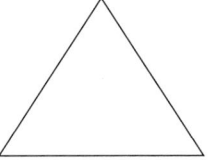
Ich bin ein _____.	Ich bin eine _____.
Ich sehe nur von zwei Seiten so aus: 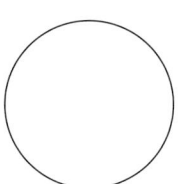	Ich sehe von allen Seiten so aus: 
Ich bin ein _____.	Ich bin ein _____.
Ich sehe von allen Seiten so aus: 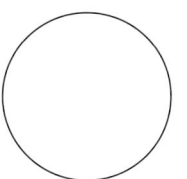	Ich sehe von vier Seiten so aus: 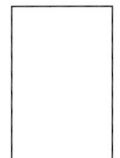
Ich bin eine _____.	Ich bin ein _____.

 # Körpernetze

Quadernetz

Zylindernetz

Pyramidennetz

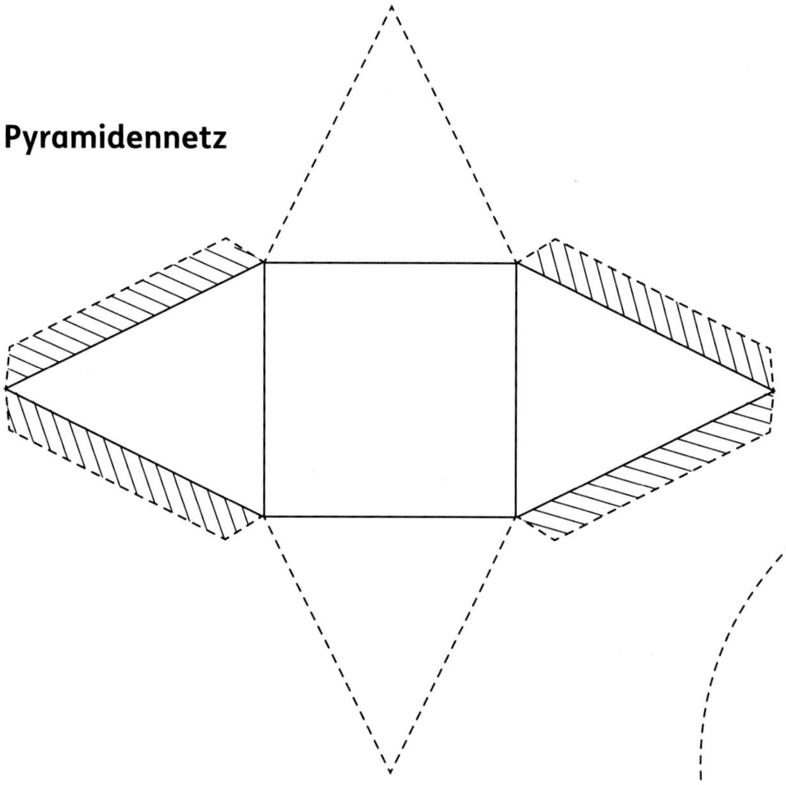

Kegelnetz

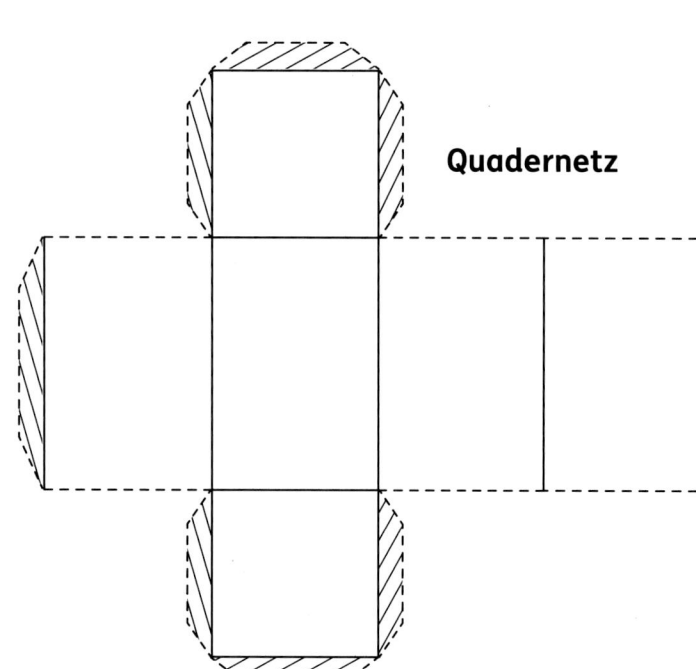
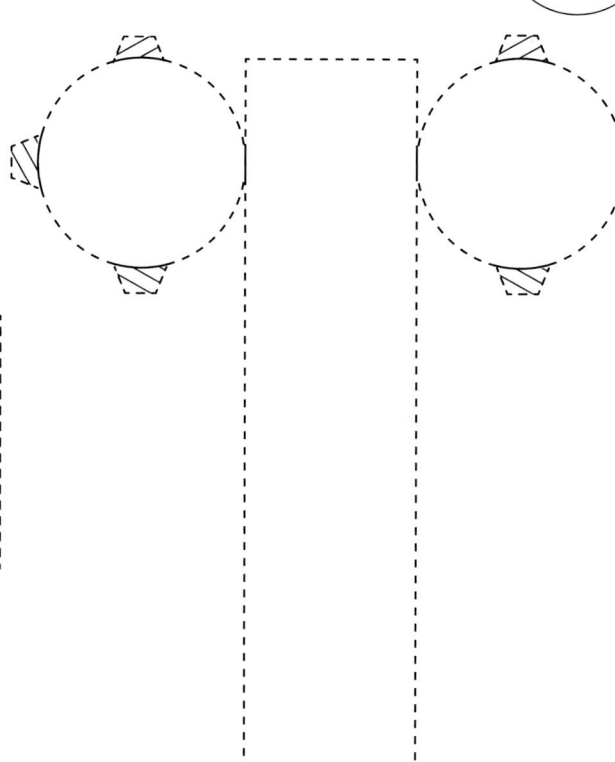

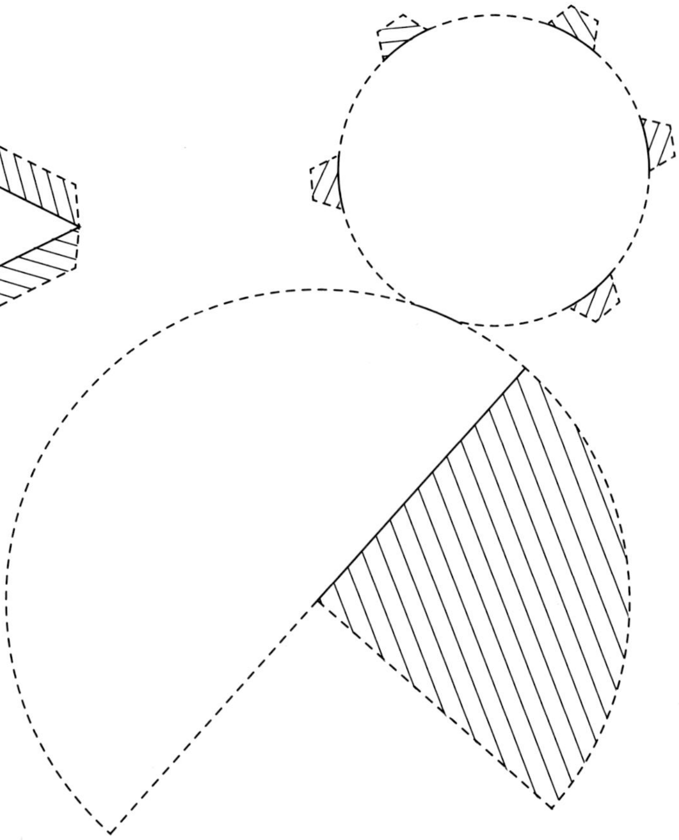

Faltbuch „Geometrische Körper"

Geometrische Körper — Steckbriefe

Name: _____

Würfel
Ecken: _____
Kanten: _____
Flächen: _____

Quader
Ecken: _____
Kanten: _____
Flächen: _____

Kugel
Ecken: _____
Kanten: _____
Flächen: _____

Zylinder
Ecken: _____
Kanten: _____
Flächen: _____

Kegel
Ecken: _____
Kanten: _____
Flächen: _____

Pyramide
Ecken: _____
Kanten: _____
Flächen: _____

© AOL-Verlag

55

 # Würfelnetze

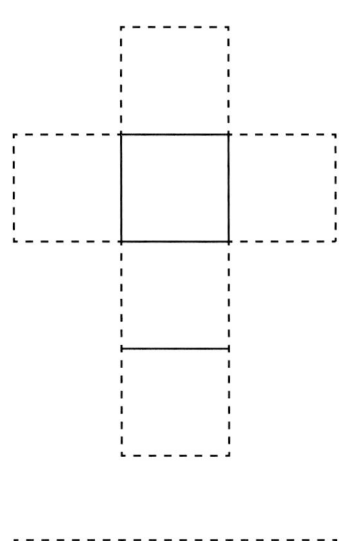 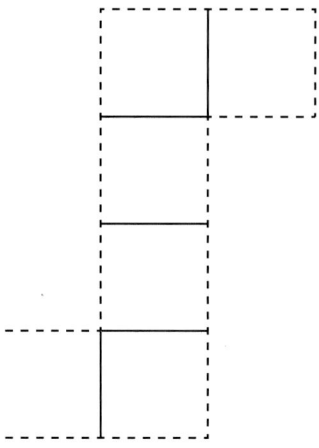 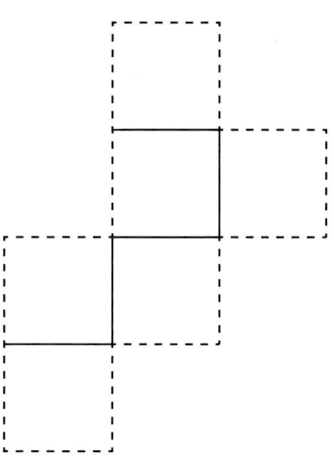

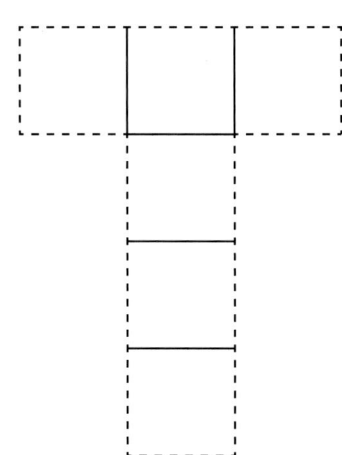 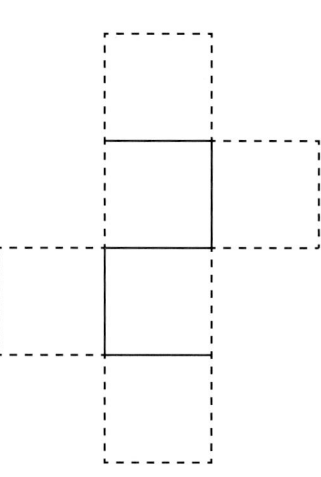 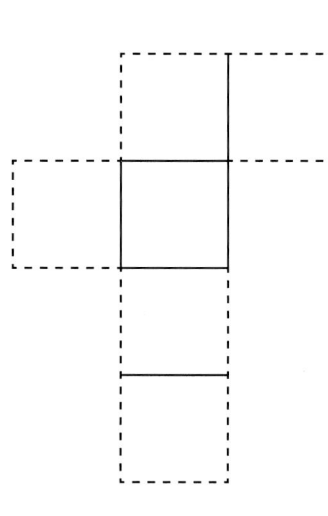

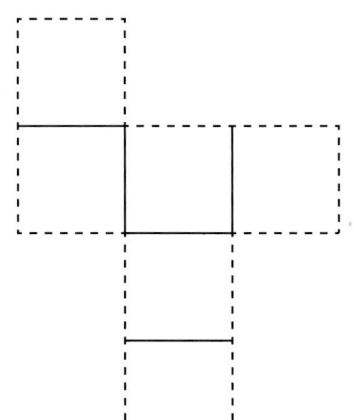 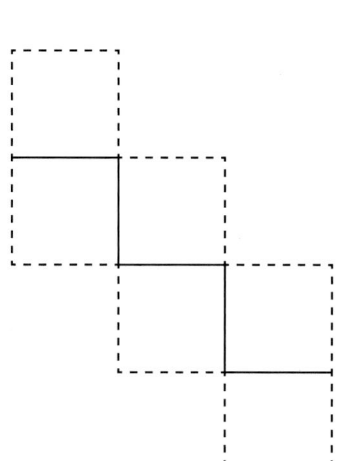 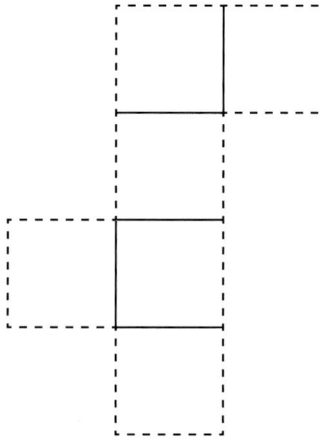

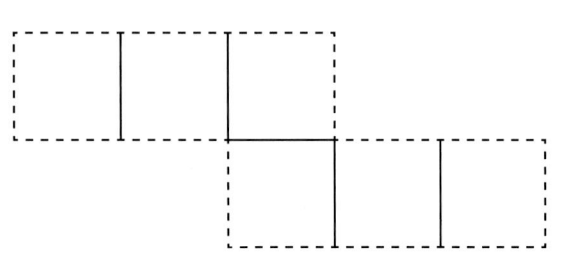 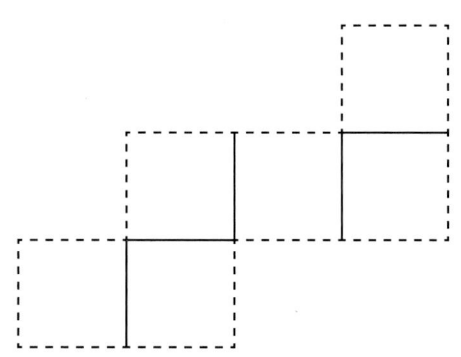

Symmetrien und Muster – Forscherkarte 1

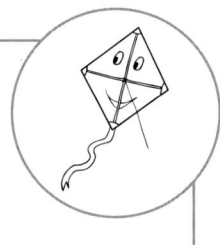

Forscherauftrag

Erforsche *symmetrische Figuren und Muster*.

Überlege dir spannende Forscherfragen.

Erforsche und beantworte sie.

Erstelle dazu Faltelemente für dein Geometrie-Lapbook.

Symmetrien und Muster – Forscherkarte 2

Du kannst von diesen Forscherfragen und Ideen auswählen:
- Wann ist eine Figur achsensymmetrisch bzw. drehsymmetrisch?
- Wie viele Symmetrieachsen haben Rechtecke, Quadrate und Kreise?
- Gibt es Figuren, die sowohl achsensymmetrisch als auch drehsymmetrisch sind?
- Führe Spiegelexperimente durch.
- Was ist ein Parkettmuster? Gestalte Parkette.
- Gestalte Muster und Mandalas mit Zeichengeräten und Schablonen.
- Gestalte Scherenschnittmuster (z. B. Schneesterne, Schmetterlinge).

Was du für dieses Thema brauchen kannst:
- Legematerial (Kreise, Dreiecke, Vierecke aus der Beilage deines Schulbuchs)
- Patternblogs (geometrische Holzfiguren), Pentominos (Quadratfünflinge), Tangrams
- farbiges Faltpapier, Zettel aus der Zettelbox
- Schere, Klebestift, Taschenspiegel
- Lineal, Zeichendreieck, Geodreieck, Schablone, Zirkel
- Zentagle-Materialien (Vorlagen, Stifte, Kacheln usw.)

Symmetrien und Muster – Forscherkarte 3

Forscheraufträge

1. Mit den Vorlagen von Seite 59 kannst du symmetrische Muster mit mehreren Spiegelachsen erzeugen und erforschen. Schneide die Quadrate aus und spiegele immer nach links, rechts, oben und/oder unten. Male das entstandene Muster ein, falte das Quadrat und klebe es ins Lapbook. Auf das Deckblatt kannst du das Ausgangsmuster zeichnen.

    Tipp: Nutze Figuren aus deinem Legematerial, Schablonen und einen Taschenspiegel.

2. Gestalte Mandalas mit geometrischen Mustern, die achsensymmetrisch und/oder drehsymmetrisch sind. Nutze die Vorlagen von Seite 60 sowie Zirkel, Schablonen und das Geodreieck.

3. Gestalte einen Scherenschnitt mithilfe der Vorlage von Seite 61.

Symmetrien und Muster – Forscherkarte 4

Forscheraufträge

1. Wann sind Figuren symmetrisch? Erforsche es mit den Vorlagen von Seite 62. Falte die Rechtecke immer und schneide die vorgezeichneten Figurenhälften aus. Klappe die Figuren wieder auf. Klebe nur immer eine Hälfte auf, sodass du die achsensymmetrischen Figuren aufklappen kannst. Befestige drehsymmetrische Figuren mit einer Spreizklammer auf deinem Lapbook.

2. Mit der Vorlage von Seite 63 kannst du Faltquadrate herstellen und immer Spiegelachsen in die Figuren einzeichnen.

3. Zeichne geometrische Muster. Nutze die Falthefte von Seite 64.

 # Faltquadrate „Symmetrische Muster"

 Falttasche „Mandalas"

Meine Mandalas

 # Faltkreis „Scherenschnitt"

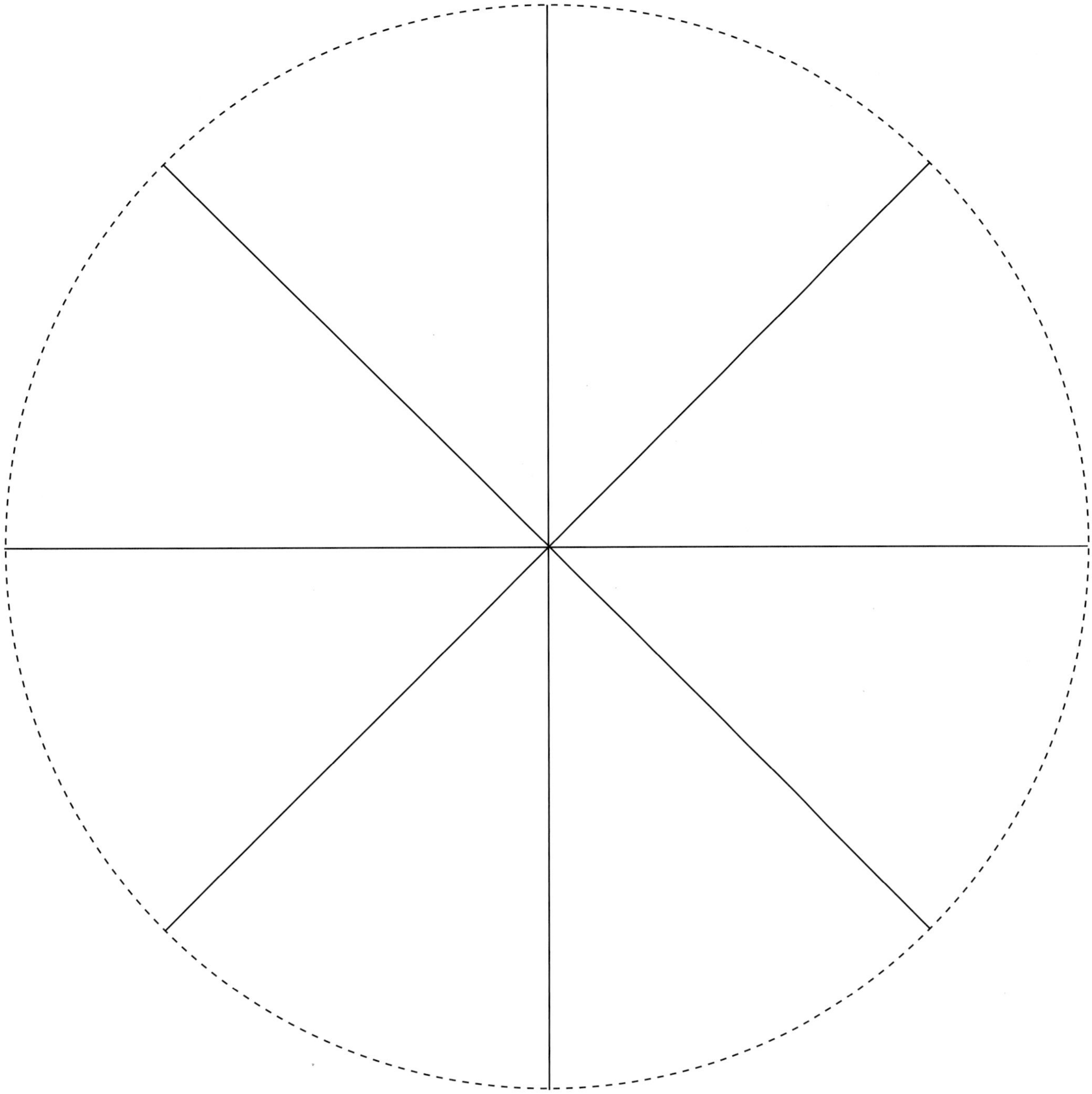

 Tipp: Falte immer einen Viertelkreis und schneide ein Muster.

Symmetrische Faltfiguren

Eine Figur, die man so falten kann, dass zwei gleich aussehende Hälften entstehen, nennt man eine achsensymmetrische Figur oder Spiegelfigur.

Die Faltlinie heißt Symmetrieachse oder Spiegelachse.

Eine Figur, die nach dem Drehen um einen Punkt genau so aussieht wie vorher, heißt drehsymmetrische Figur.

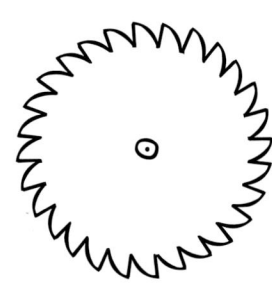

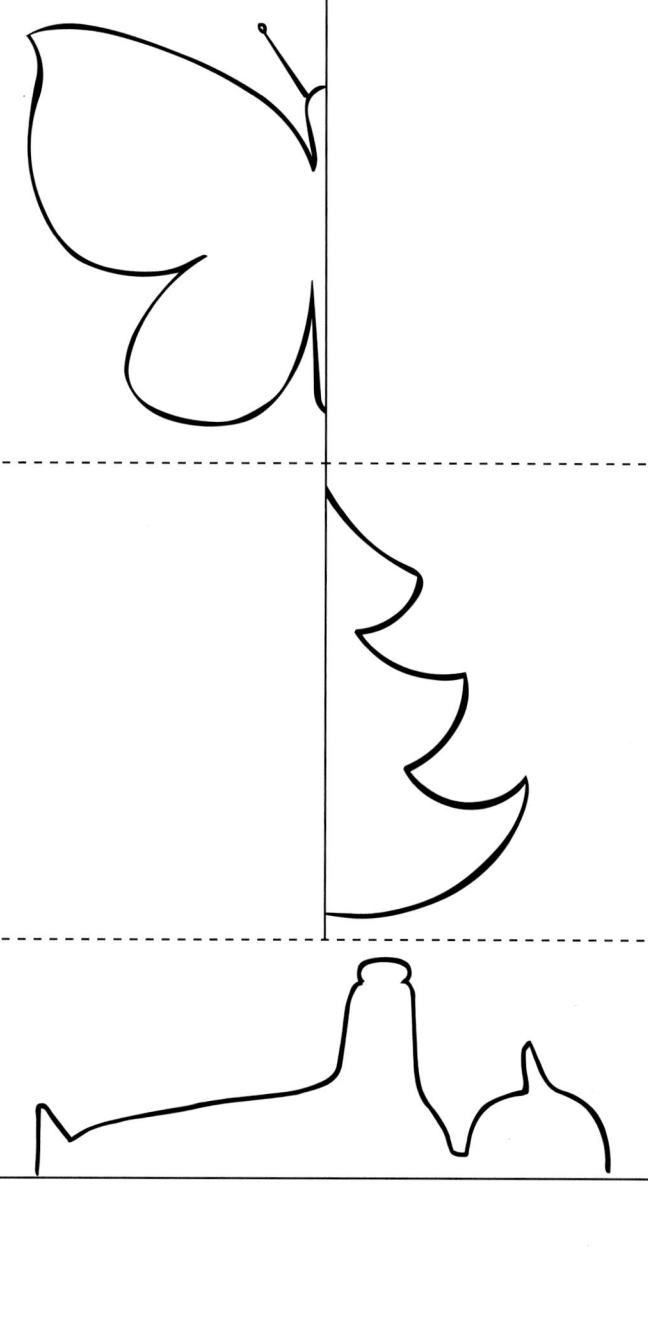

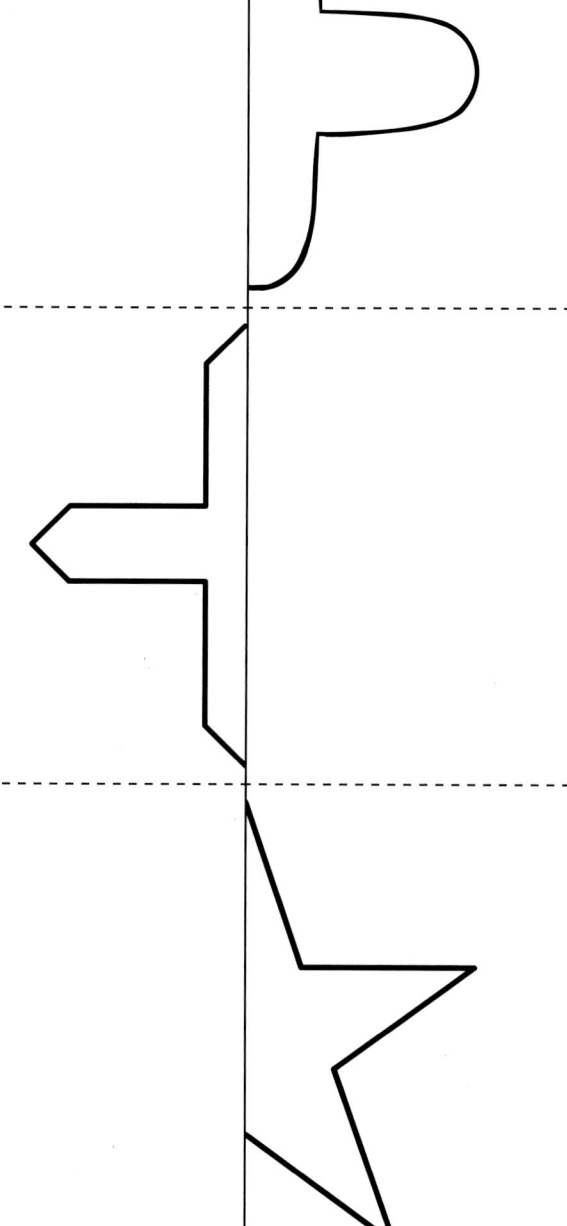

Faltquadrate „Spiegelachsen"

Tipp: Du kannst beide Faltquadrate vor dem Falten aufeinanderkleben.

Zeichne alle Spiegelachsen ein.

Zeichne alle Spiegelachsen ein.

 Falthefte „Geometrische Muster"

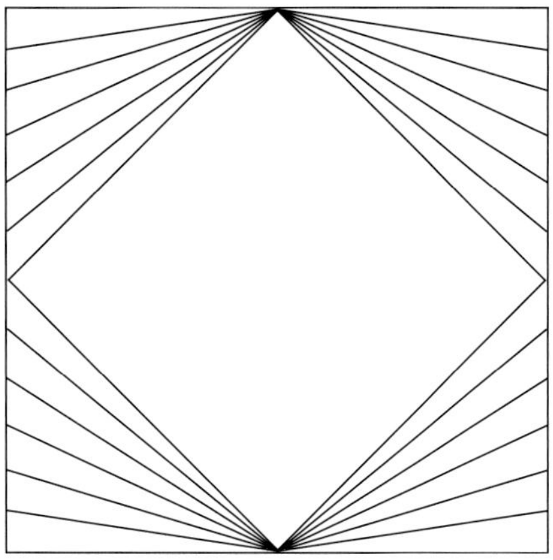

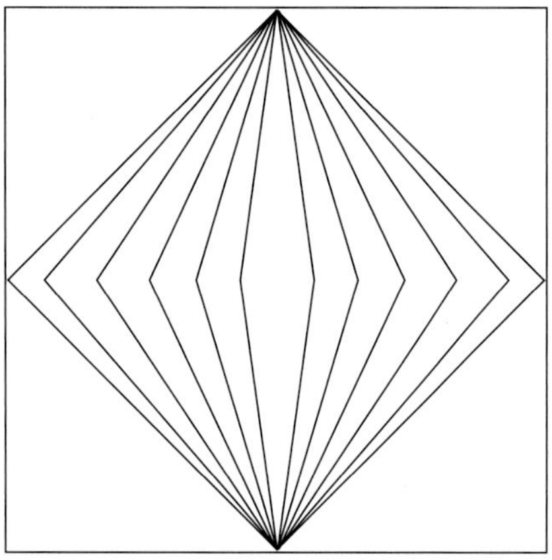

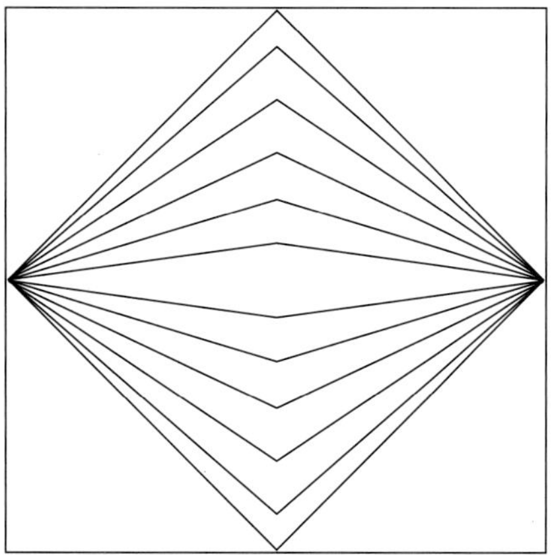

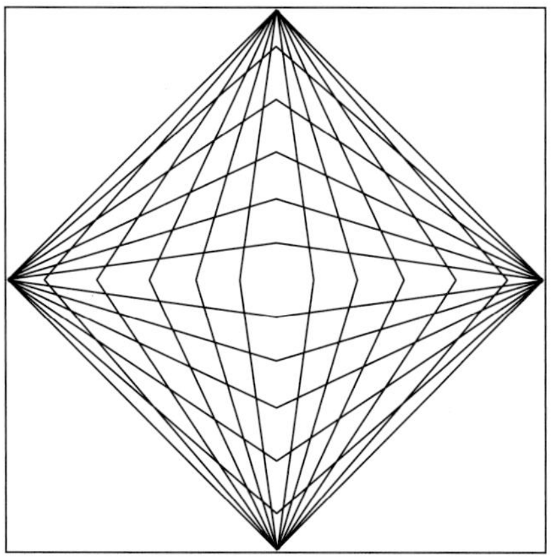